幼兒教玩具設計與運用

Design Educational Toys for Young Children

劉翠華◎著

序

　　近代學說證實遊戲對幼兒發展的重要性，而教玩具即是幼兒遊戲的主要媒介，藉由教玩具幼兒獲得身心發展與日後所需的知能。因此教玩具對幼兒的重要性不言可喻。但是隨著科技的進步，各式各樣的教玩具充斥，而且所費不貲，卻不一定能刺激幼兒的心智能力與運動能力，甚至有的只能看、不能玩，就算能玩，遊戲方法也是那一兩種，一下子就膩了。應該了解幼兒遊戲的玩物，其素材與設計是越單純、樸實、簡單、自然，越能激發幼兒的創造力與想像力，也越能持久（鄧淑如，2004）。

　　是故成人，尤其是幼兒園教師、教保人員、保母等與幼兒教保相關人員，都應該具備教玩具設計與運用的知能。能運用簡單的素材在「適齡適性」的發展原則下，在「安全實惠」的前提下，將教具賦予玩性、將玩具注入濡化（enculturation），對於幼兒發展、教保活動以及保育工作都有莫大的助益。而且也能在使用回收素材的同時，對環境保育盡一份心力，符合「生態教保」趨勢，可以說是一舉數得。

　　鑑此，筆者深感一本兼具教玩具設計理論與實務的大專用書實有必要，因此彙整教玩具與設計學理以及運用實例成冊，以為入門與實務之用。本書分為兩部分共十一章：第一部分有四章，首先闡述何謂幼兒教具以及幼兒教具設計，接著論述幼兒教玩具與幼兒發展的重要性、幼兒教玩具的收納與整理，以及引領讀者認識幼兒教玩具設計的基本原則；第二部分計七章，乃針對幼兒發展的主要領域，例如感覺、運動、視聽覺、

手眼協調、社會行為、語言發展以及數學活動等發展領域，在安全、經濟、實用的原則下，發展各領域適用的教玩具，並呈現各教玩具設計、製作與評估之過程，最後於附錄收錄 Montessori 教具與 Froebel 恩物之介紹，以為有心創作者之參考。

本書之完成要感謝許多人，尤其是中國文化大學幼稚教育學程所有參與的同學與經國學院的同學（如內文設計者姓名），以及淑芬助理，同時要感謝揚智文化事業公司同仁們的支持。惟本人才疏學淺，尚祈先進不吝指正，以為日後再版修訂之參考，謹此致謝。

劉翠華　謹識

2007 年 4 月

目　錄

第一部分
幼兒教玩具設計和運用概論

　　第一部分主要探討幼兒教玩具設計
的意涵、幼兒教玩具對於幼兒發展的影
響、幼兒教玩具的收納與整理，以及幼
兒教玩具設計的基本認識。

第一章

幼兒教玩具與設計

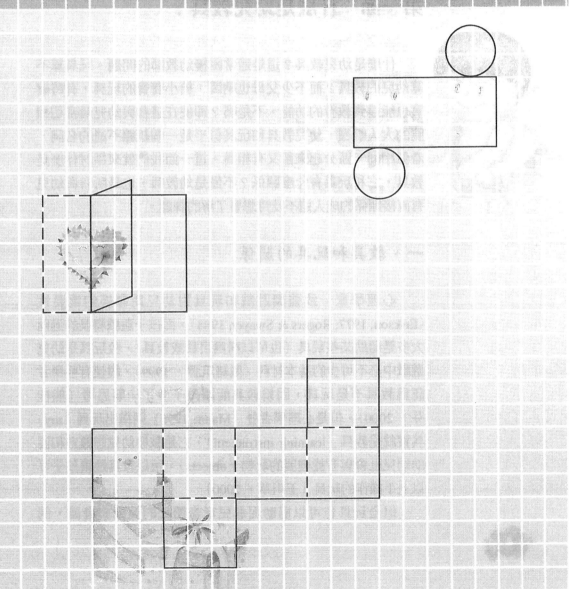

在本章中，我們首先將討論什麼是幼兒教具以及幼兒教具的特性，接著探討幼兒教具設計的準則以及常見的類別，最後則提出教師操作幼兒教具時必須注意的事項。

第一節　什麼是幼兒教具？

什麼是幼兒教具？這是通常困擾幼教師的問題。玩具算不算幼兒的教具？而不少父母也納悶：給小寶寶的玩具，有時確實也能達到教育的功能，不是嗎？即使在這些與幼兒最密切相關的大人眼裡，幼兒教具和玩具似乎是一個糾纏不清的名詞，看似相同，區分起來卻又有相異。這一節我們就來探討什麼是教具，它和玩具有什麼關係？不僅是幼教師，也是所有與幼兒有直接關係的成人迫不及待想要了解的課題。

一、教具和玩具的關係

心理學家一致強調遊戲和玩具對幼兒期發展的重要性（Erikson, 1977; Rogers & Swayer, 1988），而孩子遊戲發展的過程大多是藉助某些玩具（也可以稱為用具或教具），故玩具是幼兒遊戲中必不可少的基本材料（吳緒筑譯，1999），縱使有些學者認為教具不是玩具，因為教具能讓孩子多了一層思考（熊桂芬，2000），但是心理學者曼（Mann, 1996）則指出玩具（toy）其實就是教具（learning instrument），它是激發幼兒想像力和協助幼兒社會與智能發展的玩物（objects），所以教具是讓孩子可以上手操作的玩具（王川華，2000）。

但是玩具也可以協助促進兒童身體上的健康與發展，例

如，當幼兒在盪鞦韆時，其大、小肌肉配合平衡感覺的訓練、震動擺盪技能的加強都得以達成。在玩拼圖遊戲時，使手眼協調、抓拿拼圖片等技巧更趨成熟。另外玩具在兒童的認知方面所扮演的角色是最值得注重的一環，一件不熟悉的玩具必須經過一連串的探索、熟悉，才能達到最後的了解。而此一次序活動引導幼兒對於物理世界各種事物現象有一更完整的概念（江麗莉，1993）。

　　由於幼稚園及托兒所實施生活教育，無固定的教本教學，學程的內容主要為生活的實際經驗，因此教具的使用更顯得十分的重要。幼稚園與托兒所的幼兒，由於年齡幼小，除利用實物教學滿足幼兒學習欲望外，更需以玩具充實幼兒生活。幼兒對玩具的喜好與年齡成反比，即年齡愈小，愈喜歡玩具；年齡增大，玩具之需要亦隨之減少，以幼稚園與托兒所幼兒的年齡而論，當為最喜歡玩具的時期。幼稚園、托兒所的教學著重幼兒活動，而一切活動多透過遊戲的方式，且以玩具輔助進行，許多玩具因此也發揮了認知的教育功能而視同教具（王靜珠，1998）。

　　人類與教育學家指出兒童玩具的最大功能可能就在於「教化」（enculturation），玩具的操控有助於兒童處理事情的能力。同時，早期的玩具遊戲與操縱亦可增加兒童的自信心，因為玩具所反映出的情境大半都是兒童可以自主處理的（江麗莉，1993）。因此，在幼兒的世界中，教具就是玩具，但對成人而言，選擇教具就不得不謹慎！不論是個別或團體性教具，只要能吸引幼兒注意力並促進他們各方面學習成長，而且可以讓幼兒獨立、自由操作，不管對一般幼兒或特殊幼兒都是極佳的教玩具（王晴美，1999；Sautter, LeBlanc & Gillett, 2007）。

　　綜合上述，我們可以知道遊戲是兒童生活的一部分。幾乎

每個兒童都玩玩具，透過玩具的操作，兒童獲得形狀、顏色等概念，促進其動作體能的發展，與他人建立人際關係，並能藉此刺激、表達自己的感情、興趣、創造力及想像力。簡而言之，藉由玩具，兒童學習成長與發展（江麗莉，1993）。因此我們可以結論：玩具加上教育的思考就可以是教具，而教具也要具備玩物的性質，才真正屬於「幼兒的」教具，成為幼兒上手的玩具。總之，教具和玩具是一體兩面，只是教具多了一層的教育功能。

二、幼兒教具的意義

明白教具也涵蓋玩具的性質後，對於什麼是教具，實有必要作深入的理解。在眾多的定義中，我們舉其要者作如下分析：

王美晴（1999）站在促進幼兒全方位發展的角度，認為教具是教師教學上所使用的輔助教材。透過教具本身的教育目標，提升學習的樂趣並集中注意力，更可增進幼兒的語言能力、數概念的認知能力、創造力及自理動作能力的發展，以達到幼兒身心健康的發展。所以教具可說是進行教學活動時，為了使幼兒能具體地、有效地、具趣味性地學習而使用的重要媒介物（李惠加，2000）。因此，教具就是教師教學上所使用的輔助教材。教具在教學上具有畫龍點睛之效用，幼兒透過教具的操作和使用，不但激發幼兒教學思考上的創意，並能透過大小肌肉的發展，達到全人教育之目標（王美晴，1999）。

吳緒筑（1999）則站在教材的立場，指出教材是學生學習教學內容的材料，是進行教學的媒介物。教具是學生在學習教材某一內容時使用的器具，是進行教學活動的間接媒介物。也

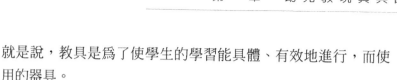

就是說，教具是爲了使學生的學習能具體、有效地進行，而使用的器具。

　　從教具的範疇而言，林佳慧（2000）指出，狹義的教具僅指 Froebel「恩物」、Montessori 教學中生活、感官、語文、數學及文化等教具，或教師爲教學單元設計的字卡；或是一些在坊間可以見到，也是現在許多幼兒園所強力推展和使用的教具，如 3c3qLasy 建構式教具、專門爲培養孩子思考的力德蒙（Knickmaann），以及材質、外觀兼備、猶如藝術品的 HABA 教具等，爲一般人所認爲的教具。

　　至於廣義的教具，是指爲達成特定教育目標或培養學習者特定能力所設計的玩具，廣意的教具幾乎可以囊括所有可以增進幼兒各方面發展的玩物（林佳慧，2000）。簡言之，無論是教師或學生，凡是在教學過程中，一切有助於達成教學目標的任何媒介，均屬於教具。所以除了市售精美的教具外，一些居家用品如梳子、瓶罐、紙筆；隨處可見的廣告招牌、交通號誌等；又如俯拾皆是的沙、水、石頭等，也可說是教具。這些東西只要妥善應用，切合教學目的，就是教具（林敏宜、楊秀玲，2000）。

　　綜合上述，本文認爲教具是指廣義的教具，對教保人員而言，只要是能達成「教學目的」，有教育目標的教具或玩物，都可以稱爲教具。而對父母而言，能達到某些教育功能的各種玩具或玩物，也都可以稱爲教具。

三、幼兒教具的功能

　　談到教具的功能，熊桂芬（2000）指出，教具幫助兒童認識外界的秩序，是使兒童能夠認識大宇宙眞理的關鍵，有了適

當的教具，才能提供直接經驗學習，讓幼兒透過感官及動作的體驗，獲得最真實、持久的知識（蔡延治，1989）。站在教具兼玩具的性質來看，教具也具有玩具寓教於樂的功能，比如：

1.可鍛鍊幼兒各種感覺。
2.可培養幼兒好奇心。
3.可培養幼兒記憶力。
4.可培養幼兒想像力。
5.可以培養幼兒美感。
6.可以養成幼兒注意力（熊桂芬，2000，頁15）。

李惠加（2000）則站在教保人員的立場，歸納教具的功能如下：

1.使教師教學活潑，提高教學效果。
2.幫助幼兒加深對事物的了解和增加熟悉度。
3.幫助教師指導幼兒澄清觀念，更容易了解抽象概念，讓學習不覺得困難，減少挫折感。
4.啟發幼兒思考，培養解決問題的能力。
5.引起動機，增加趣味性，讓幼兒快樂地學習。
6.能動手操作，熟練動作技能，幫助大小肌肉發展。
7.維持較久的注意力，促進各方面的學習。
8.培養良好的學習態度和主動自發的學習精神。
9.透過教具的多元性，滿足幼兒的個別需要。
10.教具能自我糾正、自我學習，能避免幼兒因被糾正錯誤時，覺得難堪而自尊心受損（李惠加，2000，頁57）。

除了上述之外，根據林偉安（2000）的說法，教具的功能還包括吸引孩子反覆操作，讓孩子從中發現更高深的玩法或發

展出更高明的動作和技巧。

王靜珠（1998）則鑒於法國偉大的教育家 Jean Jacques Rousseau 、 Johann Heinrich Pestalozzi ，義大利女教育家 Montessori ，以及比利時教育家 Ovid Decroly 等，對於教具的重視，認為教具在幼稚教育上的價值有：

1. 教具可增進幼兒的生活經驗：教具可提供幼兒實際觀察的機會，幼兒可自實事、實物中，獲得直接的知識與深切的了解。教具使幼兒記憶深刻、觀念正確，同時亦增進幼兒的知識與經驗。
2. 教具可提高幼兒學習興趣：教師若能使用實物、標本、模型等實物來輔助說明，可刺激幼兒思考、喚起學習興趣，又可鼓舞幼兒創造力的發揮。
3. 教具可以訓練幼兒感官：利用教具教學，不但能使幼兒獲得深刻的印象，更可節省教學的時間，且可使幼兒在接受知識之餘同時訓練感官（王靜珠， 1998 ，頁 75）。

綜合上述，本文認為教具所能達到的功能甚多，也是教具存在的價值。對教保人員而言，教具最重要的功能就是要達到單元教學的目的，以及促進幼兒的良好發展。對於父母或照顧幼兒的成人而言，教具的最主要功能，是要能啟發和增進幼兒的學習，並促進幼兒身心健全的發展；對於幼兒而言，教具的最主要功能是要能讓幼兒寓教於樂，樂此不疲地邊玩邊學。

第二節　幼兒教具的特性

幼兒教具不同於其他年齡層的教具，其對象為幼兒。他們

是零到六歲的學齡前兒童，一般而言，這段期間其身高可能成長為初生的兩倍，體重可能為六倍，是人生發展最快速的時期之一。如同許多的研究顯示，遊戲是幼兒的學習、活動、適應和工作，玩是孩子的本能也是生活的重心，所以對大人來說，或許只是在玩，但是對嬰兒和幼兒來說，玩是他們的全部，是莊嚴的學習過程，幼兒從遊戲中學得運用感覺、運動、做東西、想像和與人交往（郭靜晃譯， 1992）。所以幼兒「玩」的教具，就有其獨特的特色，以下即加以分析。

根據陳淑敏（1999），一個幼兒教具最少應具備以下兩個特色：

1. 能讓不同年齡的幼兒以不同的方法操弄：有些教具並不會因幼兒的年齡增加而有不適用的情形，積木就是很好的例子。兩歲的學步兒從積木堆高、倒下，反覆操作中得到快樂。三至七歲的兒童，因發展程度的不同，可用它作為戲劇遊戲中的道具。
2. 能提供幼兒多種玩法：只具備單一玩法的教具並不能增進幼兒的認知能力與想像力的發展，例如蠟筆和空白的紙張就比已經畫好圖形的著色簿有更多的玩法，較能讓幼兒發揮想像力與創造力（陳淑敏， 1999 ，頁 90）。

郭靜晃（1992）以兒童遊戲的需要為觀點，認為幼兒教具的特性為：

1. 真實性：乃指與真實情境中實物的相像性，芭比娃娃比碎布娃娃具有真實性，但高真實性的教玩具通常只能刺激高度建構的遊戲，例如像真實的警車模型，只能被用來當警車玩。

2.建構性：乃指與真實情境中之實物較不相似性，一輛不真實的玩具車，如積木車、組合車，就可以被玩成任何車種。

　　蔡延治（1989）以兒童學習的觀點，認為教具的功能在激發學習的興趣、啟發幼兒思考，並容易了解抽象概念、充實經驗，加深印象、注重個別需要及自我學習，所以幼兒教具的特性有：(1)實用性；(2)趣味性；(3)安全性；(4)精確性；(5)多元性。

　　黃瑞琴（1998）以遊戲材料的性質來看教具或玩具的性質，則提出以下三項特色：

1.發展性：在幼兒的遊戲過程中，各種遊戲材料可提供幼兒某一方面或多方面的發展和學習經驗。

2.真實和結構性：真實性是指一個玩具和真實生活的物品相像的程度；結構性是指玩具有特定用途的範圍，通常高度真實的玩具即是高結構的，有其特定的用途。呈現遊戲材料的結構的連續度，可從完全無結構的材料如泥土、沙、水，到高度結構的教學材料如拼圖，後者常只用於大人指定的方式。真實的、高結構的材料適合年齡較小的幼兒，因為他們缺乏表達的技巧。而當年齡漸長，表達能力也增長時，則適於少結構的材料，以促進幼兒擴散性思考。

3.開放和轉換性：從認知發展的觀點來看，應提供幼兒開放性的、能暗示多種解答的遊戲材料，而避免局限於一個正確答案的材料。假如能暗示多種解答的遊戲材料大多是開放性的、不定型的素材或道具，能讓幼兒自由操作、試驗、探索。在主動學習的認知意義上，可提供幼兒開放地轉換性材料，這些材料因幼兒不同的操作方式而產生不同

的反應，讓幼兒直接經驗和組織物理的知識，並從中反省外在物體和自我行動之間的互動關係（黃瑞琴，1992）。

綜合上述，並且再參考一些學者專家的看法〔例如徐澄清、徐梅屏（1994）；周逸芬（2002）；王美晴（1999）〕，整理幼兒教具的特性如下：

從幼兒發展上，幼兒教具的特性：

1.發展適宜性：指的是幼兒教具配合幼兒發展的特性。學齡前的幼兒，齡域由出生至滿六歲前，是人生發展最快速的時期之一，幼兒教具須配合幼兒的發展步調，並促進其良好發展。幼兒教具之父—— Froebel 認為：「即使是幼兒很微小的活動，也不斷地和知覺與感覺統一，表現在正在成長的自我能力上。」Montessori 女士則認為：「每一個幼兒都有其身心發展上的敏感期，懂得運用各階段的敏感期使幼兒作最佳的發展，才是最好的教育方式。」所以一個優質的教具，必須符合幼兒各個階段的生理及心理發展，才是最理想的教具。

2.吸引幼兒的特性：指的是幼兒教具能吸引幼兒的注意力、讓幼兒產生興趣。因為年小的幼兒專注力不能持久，為了吸引幼兒，教具在設計上以迎合幼兒的「歡喜」為前提，以顏色來說，儘量採用能吸引幼兒目光為原則的色彩；以聲音來說，在製作教具時，亦可以安排清新悅耳的聲音；在圖像方面儘量以幼兒熟悉的卡通人物作為設計的對象；在包裝上講究精緻美觀等以吸引幼兒。

3.簡明性：指的是幼兒教具操作具有簡單明瞭的特性，以顧及學齡前幼兒的專注力，教具操作步驟應儘量簡化，並成系統，配合幼兒的能力，使幼兒對教具產生興趣與信心。

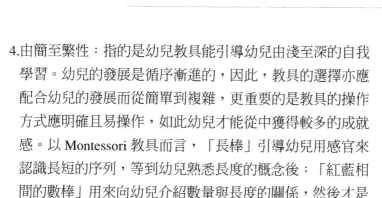

4.由簡至繁性：指的是幼兒教具能引導幼兒由淺至深的自我
學習。幼兒的發展是循序漸進的，因此，教具的選擇亦應
配合幼兒的發展而從簡單到複雜，更重要的是教具的操作
方式應明確且易操作，如此幼兒才能從中獲得較多的成就
感。以 Montessori 教具而言，「長棒」引導幼兒用感官來
認識長短的序列，等到幼兒熟悉長度的概念後；「紅藍相
間的數棒」用來向幼兒介紹數量與長度的關係，然後才是
簡單的加減法；最後則為小型數棒與圖表練習，由簡至繁
引領幼兒學習。

5.大小和重量適宜性：指的是幼兒教具的重量與大小是符合
幼兒能自由移動、易於抓取的特性，這和其他較大兒童的
教具大不相同。

從幼兒教具的取材來看，幼兒教具的特性：

1.安全性：指的是幼兒教具具備安全無虞的特性，這是幼兒
教具取材的最高原則，幼兒教具的對象為幼小無知的學齡
前幼兒，因為幼兒常將教具置入口鼻中，一不小心就易造
成嚴重的後果，舉凡上漆、硬度、大小、尖銳與否，以及
材料是否具有毒性等，須經一再確認安全了，才能作為示
範教學的器具。

2.經濟環保性：指的是幼兒教具的選材考量為材料的經濟
性、自然性、回收性或再利用的可能性。經由此特性，直
接傳達幼兒珍惜資源和善用人類資源的觀念，並且激發幼
兒的創造力。

3.經久耐用性：對幼兒來說，教具就等於玩具，而操作這些
玩具的亦是幼兒「工作」的一部分，這一切的動作必須配
合幼兒的發展階段循序漸進，因此幼兒教具的取材必須持

久耐用,以便配合幼兒不同階段的成長速率。

從幼兒學習的引導來看,幼兒教具的特性:

1. 興趣性:幼兒對有興趣的事物才會自發的去探索與學習,因此教具須讓幼兒感到有趣,才能引起幼兒對教學上的注意力及興趣,也才能引導幼兒學習、達到教學目的,因此引起幼兒興趣是教具的主要特性。

2. 正確性:正確性是指教具能引導幼兒「正確地做」的特性。正確的含義包括教具本身有錯誤訂正的功用,亦即教具本身設計可以讓幼兒自行發現錯誤,並且自己訂正,而不必依賴老師,這種防範的設計,例如可以在數字卡的下緣畫一條線: 1 2 3 4 5 6 7 8 9 以免幼兒正反顛倒,得到錯誤的知識。

3. 寬容性:指的是幼兒教具可以適用於不同年齡層的幼兒,配合不同孩子的發展狀態引導幼兒學習,或是可以達到更多元的教保目標,或變化為多種的娛樂方式,同時也能因材施教,滿足個別差異的需求。

4. 操作容易性:幼兒可親自操作的學習,對幼兒來說是以舊經驗來探索出新的經驗,可使幼兒獲悉自我的能力,從中培養自我概念。因此,可以發揮自由學習特質的是幼兒教具的重要特性。

5. 重複性與創造性:指的是幼兒教具能使幼兒重複操作、獨立操作、創造性操作的特性,經由這些特性,教具的功能才能發揮,引導幼兒學習。因為幼兒能真正學習到東西是靠自己多次的嘗試和發現,而非單靠教保人員的示範和引導而已。而教保人員又可從幼兒的發現,掌握教具的創造性(新的玩法),使教具再呈現重複性和創造性,從而周

而復始。

6.具教育意義和功能性：教具製作者製作教具前，首先要思
考的是教具的教學目標及方向，要賦予教具哪些教育意
義，是語文類教具還是數的概念等，如此才能清楚的引導
幼兒學習，達到教保目標。

第三節　幼兒教具設計的準則

　　既然幼兒教具對幼兒的發展具有重大的意義，那麼教具在
設計和製作前必須考量哪些前提？以下即探討教具設計的準
則。

　　站在幼兒生理發展需要的立場，郭靜晃（2000）認為教具
設計的前提為「年齡」，在「齡域」，其設計的準則：

1.零至兩歲，以增加幼兒探索、知覺及感覺刺激為主。
2.三至六歲，以加強想像和探索、數學和語言的準備為主
（郭靜晃，2000）。

　　站在準備、製作幼兒自學教具的觀點而言，谷瑞勉（1987）
認為教具製作的目的不再以新奇繁複取勝，而是功能簡單、目
標清楚、操作簡單的活動，主要在使每個幼兒能操作得到，也
能清楚、容易的學會一些基本能力。這樣的自製準則有三：

1.數量：剛開始需要準備的數量，大約是每個幼兒一‧五份
的教具數量，幼兒才能直接進入另一項教具之操作而無須
多等待。
2.製作：老師製作每樣教具要愈堅固愈好。

3.外觀：每個自製教具都是一個理念或技巧的快樂僞裝，在
幼兒瀏覽工作架選擇教具時，他看到的是有趣的教具而非
嚴肅的理念。把自製教具做得愈引人喜歡愈好（谷瑞勉，
1987）。

至於王美晴（1999）則概括而言，指教具設計應該以下列
爲準則：

1.創新獨特性：能依照幼兒個別差異製作適合幼兒操作的教
具。
2.目標明確性：能發揮具體教學目標，符合教與學的目的。
3.實用安全性：能具有實用和安全性的原則。
4.符合經濟性：能發揮廢物利用的目的，符合經濟效益（王
美晴， 1999）。

而熊桂芬（2000）以 Montessori 教具設計的原則，認爲幼
兒教具設計應該做到：

1.由簡單到繁瑣：孩子透過雙手循序漸進地學習。
2.由具體到抽象：藉由教具呈現具體概念，進入抽象思考。
3.有自動控制錯誤的能力：藉由教具有自動控制錯誤的能
力，還能在操作中達到自我教育。
4.有直接目的和間接目的的功能。
5.注意教具的安全。
6.有吸引力（attractive）、獨立操作的能力、秩序性的過
程。
7.有延伸變化的功能。

李惠加（2000）則延伸以上的說法，認爲教具設計的準則

有：

　1.配合幼兒的發展狀況。

　2.能讓幼兒主動探索。

　3.能自由操作，彈性使用。

　4.能給予立即性回饋與鼓勵。

　5.具備多種功能。

　6.考慮耐久性及功能性。

　7.具有趣味性，能吸引幼兒操作。

　8.避免性別及種族歧視。

　9.具有多種變化。

　10.製作多套提供多位幼兒同時使用。

　11.考慮精確性以免獲得錯誤資訊。

　12.具有創造性，激發想像力和聯想力。

　13.考慮實用性，對幼兒學習有幫助。

　14.具備審美性，製作精緻美觀的教具。

　15.系統而完整地呈現，才不致雜亂。

　　不同於前述看法，站在達成教保目的的立場，台灣省教育廳於一九八四年五月二十八日於高雄縣辦理台灣省公私立幼稚園教師教具製作比賽，其評審標準，總計為五項設計準則：

　1.實用：操作方便、材料經濟、安全、耐用。

　2.創意：構思獨特、新穎、精密。

　3.效能：能配合教學單元之所需，使教學更生動、更有效。

　4.造型：造型生動、色彩活潑，具吸引力。

　5.完整：參考資料與設計資料完備。

　　仔細推敲這五項準則，各自還是涵括了許多準則項目，幾

乎如前述一樣涵括了教具設計的多方面考量的準則，惟異於前述各家主張的是，參考資料和設計資料的完備。本文認為這點有助於教具設計的評估工作，更能提升教保人員研究開發的精神，而這個研發的精神正是教具設計的基本精神所在。

另外，有別於上述的原則，林佳慧（2000）教具設計的原則則提出「收納安全」的獨特見解。她認為教室中的教具常造成教師額外的工作負擔，因此收納方便就成為教具設計時必須考量的因素。通常拆卸方便、化整為零，是要則之一。

綜合上述，本文做以下的結論，也就是幼兒教具設計的準則，除了上述的要點外，還須加上「資料的完整」和「收納方便」，這樣便是教具設計相當完備的準則了。

第四節　幼兒教具與設計的分類

幼兒教具和設計的分類異常複雜，有依據幼兒發展的領域分類，也有依據媒介性質而加以區分的。

依幼兒發展領域的分類，例如吳緒筑（1999）依據幼兒的身、心理發展，將教具分成三大類：

1.促進感覺運動發展的玩具和教具。
2.促進知覺運動發展的玩具和教具。
3.促進語言概念發展的玩具和教具。

而 Montessori 教具除了依據幼兒的心理發展，也注意日常生活的社會技能的發展，包括：

1.感官教育教具：包括觸覺、聽覺、視覺、嗅覺及味覺的教

具。

2.語文教育教具：有聽、說、讀、寫的相關教具。

3.文化教具：有天文、地質、植物、動物、歷史、地理等教
　具。

4.日常生活訓練教具：包括照顧自己、照顧環境、手眼協調
　等教具（熊桂芬，2000）。

　許天威等（1988）依幼兒的知覺動作發展，將重點擺在手
眼協調的教具設計，做以下的分類：

1.視─動記憶的教具。

2.手─眼協調的教具。

3.視─動的空間、形狀操作。

4.視─動學習速度的教具。

5.視─動統整的教具。

　依媒介物性質的分類，李園會、劉錦志（1988）將教具分
為：

1.軟體。

2.硬體。

3.放映。

4.非放映。

5.視聽媒體。

6.綜合性媒體。

　類似上述媒體分類法，林佳慧（2000）在其對幼兒教具的
舉例中，也特別提到 E 世代的科技教具，如電子概念書、語言
學習機、各式的教學軟硬體及電子遊樂器材等。

郭靜晃（2000）以教具為玩具的觀點，認為最好的幼兒教具（objects）的分類，應按以下的原則：

1. 教育性玩物（educational materials）：只富教導性、結構性的玩具，以達教導成果為目標，如 Montessori 教具和 Froebel 教具等。

2. 真實性玩物（real materials）：指在成人世界中有真正用途的東西，但為幼兒模仿使用的材料，比如沙、水、木頭、泥土等。

3. 建構性玩物（constructional materials）：指設計成讓孩子有多種不同玩法的玩物，但不同於第一種，在運用上較具彈性，如樂高等既可拆又可創意組合的教玩具。

4. 玩具（toy）：指依小孩子生理環境和社會環境所設計的真實物品的縮小體，如房子、明星卡通人物、芭比娃娃等，方便孩子幻想的去玩（郭靜晃，2000）。

再者，陳淑敏（1999）則以教具與遊戲的關係，將幼兒教具分為：

1. 動作遊戲教具：教具設計的主要目的在增進大肌肉動作技巧。例如：抓握、推拉、騎乘、球類。

2. 操作與建構教具：教具設計的主要目的在增進小肌肉動作技巧、手眼協調或認知能力。例如：積木、科學教具、沙水用具。

3. 象徵遊戲教具：教具設計的主要目的在激發幼兒運用想像力。例如：玩偶、填充玩具、角色扮演的教具。

4. 規則遊戲教具：教具設計的主要目的在增進幼兒的認知與社會能力。例如：棋類。

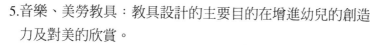

5.音樂、美勞教具：教具設計的主要目的在增進幼兒的創造
　　力及對美的欣賞。
6.圖書、視聽用品：教具設計的主要目的在增進幼兒的語文
　　能力。

　　綜合上述，本書對幼兒教具的分類是以幼兒的發展為主，
因為不管任何齡域、任何課程安排、任何媒介物，都必須考慮
和配合幼兒的全方位發展，因此本文趨向於吳緒筑的分類法，
將幼兒教具設計分為：

1.感覺運動的教具：包括能增進或刺激幼兒肢體、手、腳的
　　教具或玩具。
2.運動發展的教具：包括能增進或幫助幼兒平衡、移動、操
　　作的教具或玩具。
3.視聽覺的教具：包括能增進或幫助幼兒視覺、聽覺發展的
　　教具或玩具。
4.手眼協調的教玩具：包括兩大範疇，一是基本動作，如
　　握、拉、敲、打的教具或玩具；二是生活自理的教具。
5.社會行為發展的教具：包括三大範疇，如主題遊戲、建構
　　遊戲，以及組合活動的教具或玩具。
6.語言發展的教具：包括五大範疇的教玩具，如理解活動、
　　詞彙活動、模仿活動、表達活動，以及創造活動。
7.數量活動概念教具：包括能增進或幫助幼兒圖形、空間、
　　數與量，以及時間序列的教具或玩具。

第五節　教師操作教玩具準則

知道教具設計的準則之後，接下來必須了解製作的教具應該如何呈現，這是將設計好的教具，讓幼兒明白如何正確操作的階段，也是攸關教具能否被幼兒成功地操作，發揮教具功能的關鍵。

教師操作教具前應該注意：

1.環境安排以安全、舒適、寧靜爲主。
2.空間掌握要適切、避免擁擠、危險的環境產生。
3.老師須做好事前的準備。
4.須熟練地示範過程、次序和物歸原位。
5.謹慎選擇示範地點（林端容，2001）。
6.必須先充分了解所操作的教具。
7.建立自己對教具的自信心（徐澄清、徐梅屏，1994）。

而操作時則要給予提示語，其技巧根據徐澄清、徐梅屏（1994）認爲：

1.實際練習提示的步驟。
2.掌握教具的正確性。
3.提示教學，應儘量以一對一的方式爲主。
4.人數過多時，考慮小組或是團體提示的方式。
5.提示教具時，用簡短而淺顯易懂的話語，可使幼兒更易了解隱藏在教具中的事實。
6.教具的提示，不僅可以使幼兒理解教具的用法，更是老師

用來觀察幼兒反應的一種方式。

7.因應幼兒的反應而嘗試運用不同的方法來提示。

8.教具可以彈性運用不同的提示方式來符合每個孩子的內在需求。

另外張添洲（2000）則強調教師操作教具時，要以配合學習活動達成教學目標為第一原則，所以教師要：

1.依據教學目標選用適當教具：教具的使用以配合學習活動達成教學目標為第一要件。例如，要學生了解某一實物的名詞意義，宜用實物、模型、標本、照片等；經驗必須能轉譯成符號才便於保存、傳遞和創新。因此符號的使用必須獲得充分練習的機會。

2.先說明操作目標及方法，再分發教具：要讓學生操作的教具，須先說明其學習目標及操作方法，以引導進行，避免學生把教具當成工具、玩具等來使用。

3.注重教具啟發智慧的功能：要以適當的問題誘導學生觀察、報告、試驗、操作、預測，使學生活用教具，主動探究，增進智能獲得練習。

4.教具要多變化以保持新鮮感：教具的重要價值是使學習更生動有趣。若一件教具經常使用，或長時間陳列教室，就會失去新鮮感，降低其價值。

5.從教具所得的經驗須整理成系統知識與技能：學生觀察或操作教具後，要以系統問題詢問學生，以獲得知識與技能。

6.配合詳細說明以獲得正確觀念：要能清晰而正確的解說，學生才能獲得重要訊息。

7.示範性教具要讓全班看清楚，最好能逐一傳閱觀看。

8.養成學生收拾教具、愛惜公物的習慣。

總括而言，張翠娥（1998）認為教師要有創意才能帶領幼兒教具操作與有創意的教具操作，其過程有十項準則如下：

1.教師要成為一個創意人。
2.讓每位孩子都有機會。
3.提出開放創造性問題。
4.給孩子一些思考的時間。
5.不要抹殺孩子的好奇心。
6.培養孩子對事的質疑態度。
7.享受共同創造的樂趣。
8.讓發現成為生活樂趣。
9.注意傾聽尊重幼兒的想法。
10.學習下決定前先分析後果（張翠娥，1998，頁78-79）。

而站在幼兒的立場操作教具，陳貞旬（2001）則認為應該放手給幼兒去操作。為達到良好的示範效果，應注意下列幾點：

1.示範時，老師要顯現很熱衷、有興趣的樣子。
2.示範的方式要有彈性。

而示範方式則包括：

1.自發性的示範法：使用自發性的示範有兩個原因，一是針對那些無法由基本示範受益的孩子；二是如果我對某些工作欠缺熱情，這正是讓自己練習「喜歡」該工作的機會。
2.讓孩子自由探索，工作不一定都得經過老師示範，亦可由

孩子當小老師示範工作。

從以上所述，可以詳細了解教師在教具操作前的準備工作和原則，也可以作以下結論：雖然各種說法都有其特別強調的準則，如提示語、達成教學目標、有創意、站在幼兒的立場等，但是可以發現都是以下列四項爲共同的準則：

1.安全第一。
2.井然有序。
3.示範清楚。
4.快樂進行。

根據這些首要準則，教師就可以依照實際的情境，列舉自己教具操作的原則以及須知，讓教具操作的過程既快樂又有效率。

第六節　爲什麼教保人員要自製教玩具？

自從十八世紀英國教師 John Locke 設計世界第一套教具——字母積木——用於教育上，歷經兩百多年的歷史，教具在目前的各領域裡，仍被作爲教學與學習的輔助工具，而且占著舉足輕重的地位與價值，我國近幾年來爲推展和提升學前教育的品質，也經常舉辦地區性或全國性的教具製作比賽或展覽，提供幼教機構、教師、家長和學童觀摩（江雅惠，2001）。

除外，張添洲（2000）鑒於制式的教具不能適應個別差異，以及教具製作可促使教師對所教的科目作深刻的思考，認爲教保人員應該自製教具，其論點爲：

1.制式的教具不能適應個別差異：學生無論在智力、能力、性向、興趣、經驗、生活環境各方面都有很大的差異。因此，制式的教具多以中等學生的程度而製作，無法適應學生的個別差異。

2.可促使教師對所教的科目作深刻的思考：教學計畫是教師使用其教學資料的具體方案，又名教案。理想而言，教師均應有自行編擬教學計畫或製作教案的能力。在教學資源中應指出從事本單元的教學所應準備的東西，例如書籍、教具、環境等。透過教學計畫的進行，可促使教師對所教的科目作深刻的思考、對所教的資料有清晰的印象、有機會不斷評估其每一教學活動的價值。增加重要的經驗，以及刪減不必要或無價值的資料（張添洲，2000）。

由上述可以知道教具設計的重要性，也了解為提升幼教品質而有的教具設計比賽。所以在理想的狀況下，教師必須根據課程標準、參考相關的理論及幼兒的狀況，自行設計發展合宜的課程及教材，因此幼稚教育教材與活用的選擇及編排，須由教師自己權衡版本（盧素碧，1983）。但站在幼教師的立場，為什麼教師要設計和自製教具？首先我們可以從教師自製教具的動機談起。依照林佳慧（2000）所言，教師自製教具的動機乃是：

1.適合課程需要：坊間許多教具多針對幼兒普遍而一般性的發展或學習目標設計，因此為配合活動設計的教學需求，教師必須自行設計教具，以強化幼兒反覆練習的機會。

2.符合經濟效益：並非所有幼兒園皆有足夠的預算可購置所有應具備之教具，幼教師必須具備克服教學資源之不足的能力，讓幼兒有更多學習機會。

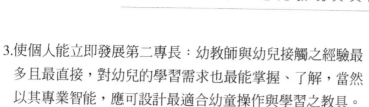

3.使個人能立即發展第二專長：幼教師與幼兒接觸之經驗最
多且最直接，對幼兒的學習需求也最能掌握、了解，當然
以其專業智能，應可設計最適合幼童操作與學習之教具。

換言之，已成爲商品化的教具，或許印刷精美，製作尺寸
規格化，但是並沒有具體說明可以配合什麼單元主題、什麼教
學內容使用，即如何使用才能有效地發揮作用。而教師在製作
時，最能了解教具配合教學的內涵，最能掌握與呈現出使用教
具來教學的意義，更能配合幼兒各方面的發展，了解事物的能
力、思考和學習的特性（李惠加，2000）。

因此教師自製的教具還具有其他坊間教具所沒有的優點：

1.創新獨特性：能依照幼兒個別差異製作適合幼兒操作的教
具。

2.目標明確性：能發揮具體教學目標符合教與學的目的。

3.實用安全性：能具有實用安全性的原則。

4.符合經濟性：能發揮廢物利用的目的達到符合經濟效益
（王美晴，1999）。

總之，教師自製教具的價值眾多，其益處也不只一端，李
惠加（2000）針對教師自製教具的益處整理如下：

1.能廢物利用或使用便宜的材料，節省經費。

2.可配合教學單元主題及角落性質的需求。

3.更能適合幼兒年齡、興趣需要及能力。

4.提供教師發揮創造力和思考力的機會。

5.設計完成作品時能帶來成就感。

6.充分發揮教師設計與製作的能力。

7.完全顧慮到教具安全性及符合幼兒的尺寸。

8.製作及設計的過程就是有意義的活動。

9.享受手腦並用及帶來自信心。

10.透過對幼兒的了解爲其製作適當的教具,能使教師培養出對幼兒一顆敏感與關切的心。

而對教師本人而言,製作及運用教具幾乎是必備的職能之一(李惠加, 2000),自製教具可以達到:

1.實踐個人的教學進度和理想。

2.發揮個人研究開發的精神和對教育的熱忱。

3.滿足個人對理想教具的追求。

4.配合個別單元教學主題和角落性質的需求。

5.化腐朽爲神奇,賦予廢物利用再製教具等多重教育意義與目的。

6.達到經濟效益,並且因應幼兒的個別差異。

從園所的經費而言,教師自製教具還能解決經費上的問題。 幼稚園可能經費不足或管理不善而不能提供教具,幼教老師如果能以專業素養,隨手自製教具提供幼兒遊戲和操作,則很快能改進此種不良狀況(谷瑞勉, 1987)。

綜合上述,本文認爲教師自製教具的原因以及優點,從整個幼教環境而言:

1.能夠直接提升幼教教學品質。

2.能夠促進幼教教師研究發展的動機。

3.能夠跟隨時代變遷、環境的更迭,以及教育的改革與發展。

從幼教師本人而言:

1.實踐個人的理想與教學進度。

2.發揮教學、研究與發展的精神。

3.增進教學技能。

4.強化教學熱忱。

5.愛惜物力。

從幼兒本身而言，教師自製教具可帶給他們：

1.安全又符合幼兒尺寸的教具。

2.配合年齡、興趣、需要、能力的教具。

3.手腦並用的機會。

4.操作教具的樂趣。

5.自信、滿足與成就感。

6.物盡其用、愛惜物力的美德。

7.享受有秩序、有條理的使用與收納教玩具。

總之，基於這麼多的理由和這麼多的優點，教保人員當然要自製教玩具。

第二章
幼兒教玩具與幼兒發展

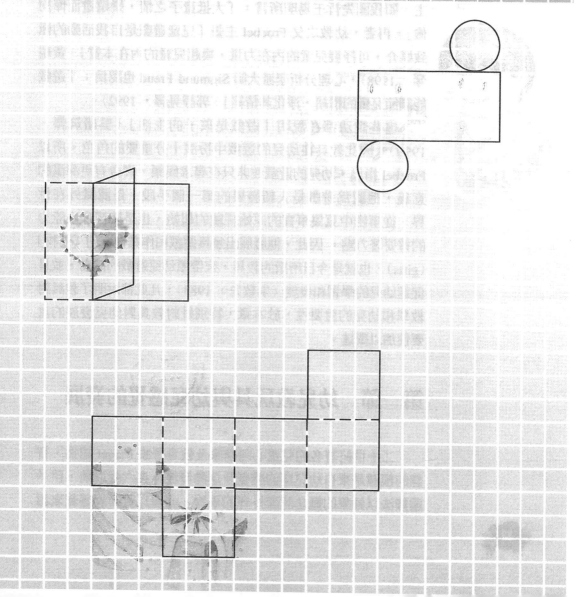

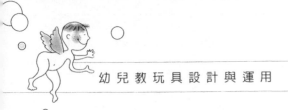

　　打從出生開始，遊戲即是兒童學習的主要方式，遊戲提供幼兒從玩樂中揣摩、熟稔、學習日後兒童期甚至成人期所需的知能（Hamm, Mistrett & Ruffino, 2006; Piaget, 1962）。許多學說指出遊戲對幼兒的重要性，而玩具則是幼兒遊戲中不可缺少的基本材料（吳緒筑譯，1999）。幼兒時期的活動是以「遊戲」為主，如我國先哲王陽明所言：「大抵童子之情，樂嬉遊而憚拘儉」。再者，幼教之父 Froebel 主張「兒童遊戲是自我活動的極致媒介，可抒發兒童的內在力量，喚起兒童的內在本質」（黃瑞琴，1998），心理分析學派大師 Sigmund Freud 也認為：「遊戲能調節兒童的情緒，淨化其情緒」（郭靜晃譯，1992）。

　　這些說法都在說明「遊戲是孩子的生活」（吳緒筑譯，1999），因此教具在幼兒的遊戲中扮演十分重要的角色。所以 Froebel 指出，幼兒的遊戲並非只在尋求娛樂，實含有更深湛的意義，他認為遊戲是人類發展的第一個手段，是認識外在世界，從事物中蒐集事實的原始經驗的起始，也是練習身心能力的首要著力點。因此，他發展出兼具遊戲和作業性質的「恩物」（gifts），也就是今日所謂的教具，來帶領幼兒遊戲的活動，並且促進幼兒的學習和發展（朱敬先，1983），凡此都說明了教具對教學和幼兒的重要性，於本章，特別針對教具對幼兒發展的重要性加以闡述。

第一節　幼兒教玩具與幼兒感覺的發展

　　二十世紀著名的兒童心理學家及教育學家 Piaget 認為，智慧的根源是來自幼兒期的感覺及運動發展。在六歲以前，孩子還無法以抽象的概念認識外界的事物，必須以實際的感覺來認

識與學習，所以他們必須不斷地以身體及四肢的動作來增加感官及運動的經驗。因此教育幼兒通常須以具體的事物為教具，同時要提供大量的活動，以增加他們肌肉關節的運動覺及對自己形體的認識（高麗芷，1997）。

　　Piaget 認為，嬰兒本身與外界互動時只有他們自己能了解初期知覺的混亂，且經由他們自己的活動，開始與外在知覺相接連，這個連接是經由使知覺世界產生改變的活動效果而來，Piaget 因此稱此階段為「感覺運動期」。

　　感覺運動的階段是幼兒發展，特別是智力發展的第一步。這一階段由出生至兩周歲，有不少的感覺器官已能發揮功能，如能有視、聽、痛、觸、味覺等，且面對物體時亦能察覺出顏色與形狀。

　　人類的感覺主要是由六種感官組成：視、聽、嗅、味、觸及前庭系統。這些訊息經由身體的感官由大腦中樞體系運作儲藏於記憶區，經由彼此的互動進行一種自律功能的整合，而衍生人類語言和運動企劃的能力，更是左右腦抽象思考的基礎。經由此，身體和大腦的協調運作能力也趨於成熟。

　　因此感覺統合上的不足與失敗，將影響身體的操作和思考上的混亂，進而造成學習的障礙。所以美國一九六〇年代對殘障兒童進行治療的教育方式中，以感覺、知覺運動密切聯繫的方法最有效。其方法主要透過玩具的設計和運用，使兒童的感覺、知覺和運動成為協調的狀態，並且促進各感覺的發展。

　　其實，這個作法是基於人類的學習，最重要的是內在的成長而不是外在的知識或符號的理論。知識或符號或許有助於內在的成長，但仍須有感覺訊息作為基礎符號，才能真正了解這些符號。因此教具在設計與運用上是奠定在感覺訊息的基礎上，使孩子透過感覺的操作獲得知識與符號的理解。

　　而內在的成長必須依賴感覺訊息，透過嬰幼兒自我身體的操作，及感覺經驗的嘗試錯誤，並做自我調整，逐步修正大腦與身體的互動關係，產生對環境的掌握能力，這才是學習的真正過程。由此可見，透過強烈的感覺刺激，可以促使孩子感覺狀態穩定、平衡和機能的發展，幼兒教具在這方面顯現獨到的功能，所以幼兒教具的設計和運用對幼兒的感覺發展有很大的意義（陳文德， 1997 ；吳緒筑譯， 1999 ；邱維珍譯， 1999 ；黃志成， 1999）。

　　比如， Montessori 強調透過感覺教具之操弄，可施行感覺教育，幫助幼兒發展（岩田陽子， 1988）。簡言之， Montessori 的感覺教具理念，是在使兒童經由感覺教具的中介學習，訓練感官、發展智能，並回歸實際生活的應用中。而就 Montessori 的感覺教具，基本上都能夠符合與促進發展論中的主動性、學習論中的自由觀，與方法論中的秩序感（黃世鈺， 1998）。因為孩子性格的形成與所處環境和經驗有密切關係，惟有在嬰幼兒期獲得充分的探索和觸摸經驗，才能得到大量的感覺刺激（高麗芷， 1997）。

　　由此可知，感官發展協助嬰幼兒探索環境和人， Montessori 特別強調感官教育，並主張要把握發展的敏感期；視覺、聽覺、觸覺、嗅覺等都有助於幼兒辨識環境中的人和物，而能逐漸擴展其世界，進而感官與肢體的協調配合，使其探索更為有效和豐富。在天地間，我們身體的節奏是與自然相配合的，而可以控制的節奏是部分的感官活動和動作，這些都與我們的情緒、思想息息相關（漢菊德， 1999）。

　　綜合上述，可以知道幼兒教具與幼兒的感覺發展有很重要的關係，值得我們重視，並且動手去做。

第二節　幼兒教玩具與幼兒運動的發展

　　人類生命的初期，自嬰兒呱呱墜地，個體逐漸能夠控制身體各部分的肌肉，有效地支配自己的行動、操作環境中的物體、學習各項運動技能、充分發揮身體運動機能的過程，心理學家稱此過程為動作發展或運動發展。

　　動作技能發展的研究，可分為三大方面：即姿態、行動及執握的發展。如果以動作的難易及複雜性來分，又可分為粗大的動作活動和細緻的動作技能。關於嬰兒期與幼兒期之動作研究，多重視兒童的爬、坐、立、行及手之抓握等基本動作發展，也就是說粗大動作之發展。

　　根據專家的研究，個體的學習行為可以解析為五十三項基本學習能力，其中與大肌肉動作發展有關者計有十四項，分別是：滾、坐、爬、走、跑、擲、雙腳跳躍、單腳跳動、舞、認識自己、認清身體部位、體型的抽象作用、肌肉的力量和一般身體保健等。在兒童進入學校後，因為各種學習活動的提供而得到更佳的發展，如在速度、精確性、穩定性、協調性及持久性等各方面更為良好。

　　例如：在滾翻動作上，可以促進神經生理的發展與控制，增進生理發展及協調動作的控制；爬行動作上，兒童可藉爬行動作，探索四周環境，由一處爬向另一處，是促進神經生理功能的一項基本能力，可培養身體的協調動作；跑步動作上，須靠肌力神經系統的協調作用、體能耐力和整個心理動作的學習；在投擲活動的過程中，培養與其他人合作，參與團體，尊重別人的態度和感覺；雙腳跳躍是兒童良好協調動作的一種，

可配合教師或父母口令進行，也因而培養兒童聽覺和動作互相協調一致的能力（許天威， 1992）。

Piaget 則以認知發展的角度，認為人類動作發展從出生到兩歲的幼兒是處於「感覺運動期」（sensory-motor period），此期的幼兒認知發展的特徵之一是經由動作思考，以動作來了解世界。到了兩歲到七歲，幼兒進入準備運思期，其發展特徵之一是行為範圍增加，不必只靠直接行動的感覺。

幼兒動作的發展在初生以前就具有，初生嬰兒的動作屬於簡單但缺少協調性，隨著身體的發展，各部分器官的系統慢慢的成熟，當走路、跑、跳等技能學會以後，他的生活範圍就擴大，不但可以隨著自己的意識去支配自己的行動，從行動中滿足好奇心，一面模仿他人的動作、行為和習慣，使他的生活漸漸符合社會的標準。

一般而言，幼兒的動作發展分為姿勢改變與移動能力、操作能力以及動作技能學習等方面。在嬰兒時期，最大的動作進展是身體的移動能力和手的操作能力，當幼兒可以有效的控制自己的身體之後，他就可以運用肌肉間的協調來進行種種新的活動，學習一般生活必備的動作技能，這些基本動作技能的建立，關係到幼兒是否能獨立自主的照顧自己，這非常重要，其中最主要的有進食、脫衣、穿衣以及梳洗等（蘇建文等，1995）。

鑑此，不論在一般傳統的教保「常規訓練」，或在蒙式教學系統的「日常生活」類別的教具中，常常藉助教具兼具教育與趣味的特性，增進幼兒學習必備的生活技能的能力，以奠定幼兒日後獨立能力的基礎，所以教具設計在幼兒的後續發展上仍占有重要的地位。

而幼兒動作的發展有三個原則：(1)發展的方向，由頭往

下；(2)分化與整合乃相輔並行；(3)成熟和學習並重，影響發展。所以幼兒動作的發展是漸進的，雖然有早晚之分，但卻是有規律的。開始是動亂的，經過不斷的練習和鼓勵，漸漸學會手、眼、腦各主要部分的協調與合作，因應幼兒行為動作能力的發展。

　　幼兒在一歲以後便可以獨步行走，但爬、坐的機會占大部分，兩歲以後即有良好的平衡基礎，三歲以後則平衡感方面有更明顯的發展。而持續到兒童期的身體動作發展，大體可以從下列幾項能力中得知其概略：軀體翻滾動作、靜坐動作、爬行動作、走路動作、跑步動作、投擲動作、雙腳跳躍、單腳跳動、舞蹈動作、認清體態、辨認身體部位、認清自我、肌肉的力量、身體保健（許天威，1988）。

　　綜合上述，幼兒的運動發展隨著年齡和練習而增加，由於遊戲是幼兒的生活（如前述），幼兒不能一天沒有遊戲，因為他們從遊戲中獲得快樂、健康和知識。大部分的幼兒除了睡覺時安靜下來，其他時間都在不停的跑、跳、叫、喊、拋、擲等。

　　有鑑於此，設計良好的教具或玩具，除了可以具體地滿足幼兒向外界探詢的好奇心外，還能提供其與周遭環境的互動，透過操弄、觀察、模仿等動作，提供幼兒運動發展的遊戲（練習）。比如促進粗動作發展的教具：平衡力的器材、梯子、滑板；培養移動能力的教具：爬梯、攀爬設備、跳繩等；培養手部操作的各式軟硬球、大小珠子等。另外如精細動作的美勞、娃娃家、積木、木工等的教具。

　　又如 Montessori 所指的動作教育及體能教育，係指鍛鍊日常生活中所需之協調動作，如步行、起立、坐下、跳躍、投擲等。同時也包括需運用若干教育器材的體能活動，大體而言，體能活動有下述四類：(1)引導方式的體能活動；(2)自由方式的

體能活動；(3)教育方式的體能活動；(4)呼吸動作訓練（許天威， 1988）

對孩子發展最有幫助的活動，是那些能引起孩子主動參與、從中感受到豐富的感覺動作經驗，而使腦神經獲得滋養、骨骼、肌肉獲得成長的活動，如：

1. 爬行活動：幼稚園教師可將被單縫製成圓筒狀，以鐵絲將其撐開形成一條布龍，讓孩子在其間穿梭遊戲，這種活動具有促進神經與肌肉發展的功用。
2. 跳躍活動：可讓孩子雙腿肌肉、關節獲得豐富的運動覺，並增進雙腿的動作技巧與身體彈性。
3. 投擲活動：可增加孩子的注意力，參與活動的持久性，以及對時間與空間的判斷能力，全身性活動使孩子獲得更多的運動覺，且可滿足他們接受挑戰的欲望，使全身性反應更靈活（高麗芷， 1997）。

所以經由教具的媒介，使得幼兒進行有益的運動，進而讓幼兒喜愛運動，而獲得運動發展的利益，是很重要的課題，因為運動智能是人類最原始的智能，也是最重要的智能。活潑好動的孩子常較聰明，根據專家的研究，運動量大可以有以下的好處：

1. 身體抵抗能力佳：常運動的孩子，肺活量大、肺臟功能強，對呼吸道傳染病的抵抗能力較強，因而較少感冒、生病。
2. 不會暈車暈船：常運動的孩子，平衡系統的適應能力很強，不但不會暈車、暈船，甚至坐雲霄飛車、旋轉輪一點兒也不會暈。

3. 肢體動作和諧：常運動的孩子步履輕盈，姿勢美妙，大小肌肉協調和諧，動作順暢自然。反之，不常運動的孩子，走起路來無精打采，跑不快、跳不高、動作笨拙、不協調。

4. 大腦細胞靈活：諸如俯臥抬頭、翻身、蠕爬、攀登、走路、跑步、跳躍、抓吊和旋轉等等的動作，都能促進大腦皮層的活動；每做一次這些動作，大腦細胞就整合一次，神經網路的傳遞速率就依次增進；運動時也會吸入較多的氧氣，輸送到大腦中，使腦細胞更加靈活。

5. 增強體力耐力：耐力差的孩子，活動約三十分鐘就喊累；耐力強的孩子，做了三小時的活動，精神還是很好。耐力並非天生，而是後天培養出來的。

6. 認知學習機能佳：孩子在做翻、滾、鑽爬、觸摸等活動中，不但能認識自己的身體結構，更能實際領悟大小、高低、寬窄、顏色等等概念，奠定認知學習的基礎。

7. 情緒獲得紓解：一天到晚不停在動的孩子總是嘻嘻哈哈、快快樂樂的，活動使他的精神得到寄託。

8. 促進其他智能的發展：當孩子做雲梯攀越時，眼睛一定要先看清楚落手處，才不會在途中失手墜地；蠕爬的時候，就必須知道手掌要放在哪裡，下一步才會爬得穩。這些運動都能訓練眼睛視線的聚合力，促進視覺智能。同時蠕爬還能增進中腦橋腦控制語言的機能，雲梯攀越可以擴大肺活量，這些同時都有利於語言的發展。另一方面吊單槓、攀越雲梯等活動，則可增加幼兒的握力和臂力，以及手眼協調的機能。

綜合上述，基於身心的需要，孩子本能地喜歡動和玩，如

不適時提供適當的運動玩具或設備讓他們從事有意義的活動，就會使孩子傾向盲動、耽於好動（高麗芷，1997）。而且運動是人類的生命，體能是運動的基礎，體能因運動而提升，運動因體能提升而發展。根據幼兒身心發展的特性、社會現況的需要，幼兒體能活動應該是一種以運動為主體，以遊戲為方法，以教育為指導，以培養幼兒身心發展的基礎能力為目標的活動（林鳳南，1988）。

所以如何促進幼兒的運動能力，使之獲得身體運動的滿足，且使幼兒喜歡運動、樂此不疲是考驗幼兒教具設計和運用的課題，也是幼兒運動遊戲媒介物成功運用的關鍵。

第三節　幼兒教玩具與幼兒手眼協調的發展

所謂手眼協調（visually directed reaching），指的是一種視覺引導的伸手動作。而許天威等（1988）則認為手眼協調是屬於知覺動作的發展之一，指的是一個人能夠經由充分了解他所看到的來配合動作表達的能力。

以新生嬰兒為例，他們對於附著於手與手指部位的細肌肉完全不能控制，只能抓、握反射。幼兒四個月之前，眼睛看見物體，但是動作進行時，自然會朝物體的方向伸手，由於手眼無法協調，也不能靠各種感覺的回饋校正動作，因此很少會成功。四個月之後，由於神經系統和肌肉聯繫的進步，不僅肩、手肘、手腕與手的轉動能力增加，手眼協調的能力也大有進步，故能達成拿取的目的（蘇建文等，1995）。

一般而言，拿取動作有賴抓握的能力，伸手與抓握動作的發展雖也有賴神經系統的成熟，但是後天的經驗也很重要，多

提供嬰幼兒操作物體的機會，對於幼兒手眼協調能力的發展有很大的幫助，因為雖然幼兒在五個月左右就能隨意的探取，準確的抓握、拉拽和鬆開，已有早期的手眼協調的技能，然而對於較大的嬰幼兒所做的手眼協調的練習，旨在幫助他們做更精細的動作和專注的能力，以奠定日後更精深的發展技能。

　　如同前節所述，身體動作的發展原則是由上而下，由內而外，手眼協調和其他的精細動作一樣，屬於下部和向外的發展，是幼兒較後期的發展，也是屬於較精細的、複雜的動作。如果基礎的身體動作、協調能力沒有發展好，手眼協調和細動作就難有較佳的表現。而細部的手眼協調和精細動作沒有發展好，上小學以後的讀寫功課能力和學習就會受到影響（張翠娥、吳文鶯，1997），因為兒童在進行單元活動前，就須先觀察，以及了解如何進行單元活動。然後使用眼睛觀察手的操作；或由觀察，了解手的操作是否靈巧，以感受自己的回饋。這種手眼的協調在精細動作的靈巧活動中，絕對不可或缺（林寶貴等譯，1986）。

　　因此，黃志成（1994）認為幼兒在動作發展期，大人要注意和掌握各種動作發展的關鍵期，提供良好的環境及空間，以及更多的刺激物等。所以提供適當的教具，讓幼兒在適宜的教具的操作情境下，掌握好其動作發展的關鍵期，使其做好基礎的身體動作和協調的能力，進而在手眼協調的各方面發展，如視－動記憶、手－眼協調、視－動的空間、形狀操作、視－動學習速度，以及視－動統整（許天威，1988）等，都能循序漸進，發展良好。舉一手眼協調訓練為例，諸如準備有十二個空格的盒子或裝蛋的盒子、數粒大的豆子和一把極大的夾子。將豆子放在兒童前面的桌子。先用優勢手的拇指及食指拿著夾子，一次夾一粒豆子，放到容器的空格內。這些單元包含用眼

睛視覺辨別，手眼同時向同方向移動，用手推（壓）眼睛所看到的目標。這些活動需要讓兒童不斷練習，直到完全會操作爲止（林寶貴等譯， 1986）。

因此，教具在促進幼兒手眼協調的發展上，的確是有效的訓練媒介，運用之妙在於了解幼兒的手眼協調發展，進而設計合適的教具促進其發展。

第四節　幼兒教玩具與幼兒語言的發展

人類各種語言能力的發展是有階段性的，而幼兒期是人類語言發展的關鍵期，在此期中，人的語言能力最容易發展且最易受外界的影響。

學者認爲幼兒教具對於幼兒語言發展有以下的重要意義（蔡子瑜等， 1999）：

1. 促進社會性行爲：語言可以溝通思想、轉述概念，也是促進幼兒社會化的重要工具。
2. 形成自我概念：幼兒可以透過與他人言語之溝通所傳遞的訊息，及他人的反應來建立自我的概念。
3. 反映認知發展與智力：人類用來探索心智活動與宇宙萬象的唯一利器是「語言」，也因「語言」使人類成爲萬物之靈。
4. 協助情緒發展：幼兒可以透過語言表達其情緒的需求。語言表達能力不佳或口吃的幼兒，容易形成內向、沈默的個性。

因此， Piaget 認爲幼兒說話的功能並不是單純的思想表達

而已，而是幼兒利用語言和自己交往，同時也利用語言和他人交往。所以幼兒的語言發展對幼兒的身心發展有很大的影響（黃志成，1994）。

至於幼兒語言的發展，大致來說，一歲以前屬於「無語言期」，其語言發展在「聽覺辨識」、「發聲遊戲」及發出類似句子型態的「牙牙學言」。一至兩歲屬「單字期」，所能使用的字彙有限，只能使用單字或疊字。二至三歲的語言進入簡單字句與好問階段，雖有語句的雛形，仍無法清楚表明意思，表達能力仍相當薄弱（張翠娥，1998）。其發展的過程，以人的口頭語言發展可分為三個階段：

1. 乳兒期：此時是語言發展階段，對語言的感受最強、學得也快。
2. 嬰兒期：主要是掌握詞彙階段，嬰兒能夠較好地掌握簡單詞彙的含義，並表達簡單思想、感情。
3. 幼兒初期（三至四歲）：對語言、語意、語法、語言技巧及與語言有關的語言記憶、語言思維等開始迅速發展。

很多研究顯示：在幼兒期就開始進行較正規而專門的語言能力的訓練，比入學後再開始訓練更有效。在幼兒時期訓練，幼兒接受性強、見效快，而且訓練的結果一開始就能影響其多種能力的發展，使其終生受益。在幼兒期進行專門、系統的語言訓練，不但是人類生理和心理發展的需要，也是人類社會交往與教育的必然要求。

幼兒的語言潛力很大，只要在幼兒期對幼兒進行專門的語言能力訓練，會得到意想不到的效果；相反，如果不注意幼兒語言的專門訓練，即使天生語言能力較好的人，也會出現語言能力下降的現象（殷紅博，1998）。

因此，語言的發展與學習是並行的，除了兒童本身須具有正常生理發展和腦部功能外，還必須仰賴後天環境中足夠的語言刺激和學習經驗，才能一步步地發展出來。所以先天器官的缺陷或腦部發育不全，會影響兒童的語言能力；而後天的環境不當，也會造成幼兒語言能力的低落（林麗英，1994）。

因此蘇建文等（1995）指出幼兒語言的學習必須有適當的環境刺激。有些嬰兒自懷抱中聽大人念故事書，很可能就是閱讀的開始；很多三、四歲的幼兒，從生活的經驗中，就學會辨識周遭的文字，如招牌、標籤等。從小就有親子共讀經驗的幼兒，三歲時就會知道圖畫書中的故事內容，到了四歲，大都知道國字部首、注音符號和其他的符號（如箭頭、音樂符號）與圖畫有不同的作用。到了五歲，很少有幼兒會把一張寫滿國字的紙顛倒過來看。

所以從小的語言學習，也可以成就幼兒讀寫的基礎，因此在日常生活中運用適合幼兒學習的教材，對幼兒語言學習助益較大，如提供優良電視節目、讀物等，能使幼兒學到更多的語句及正確的發音。而且陳雅惠（2000）指出，激發幼兒的語言學習活動，包括由出生起，固定念故事書給孩子聽；遊戲及圖文豐富的環境。在這方面，幼兒教具設計可以提供教保人員或父母運用教具和活動，讓幼兒在遊戲中學習，增進語言及讀寫的能力。

第五節　幼兒教玩具與幼兒遊戲的發展

幼兒的工作就是遊戲，早在 Plato 、 Aristotle 時期，遊戲對於幼兒發展的重要性已經獲得肯定（Look et al., 2004; Cherry,

1976），遊戲本身應該是具有多方面的意義與價值，因為遊戲是小孩腦神經系統、肌肉運動、感覺、思想、社會性及心理方面等整個人格發展過程中不可缺少的一部分（徐澄清、徐梅屏，1994）。嬰幼兒透過遊戲探索世界，遊戲是嬰幼兒學習的工作。透過遊戲，幼兒的動作反應會更敏捷，知識會更豐碩清晰。在遊戲中，嬰幼兒獲得情緒的紓解，父母、老師與嬰幼兒在遊戲互動過程中，得到更親密的關係（張翠娥、吳文鶯，1997）。

　　Erikson（1950）則相信遊戲有助於情緒穩定性與成熟度的發展。透過玩具，兒童可以紓解情感、表達內心的衝突，因而走向更健康的情緒狀態。而英國幼教哲者 Isaacs（1930）相信玩具可以幫助兒童接受現實社會的一些限制，進而控制自身的行為（江麗莉，1993）。

　　依據認知學派大師 Piaget 的看法，零至三歲的幼兒會對一玩物做重複的功能性遊戲，不斷操作，再觀察其結果。二至三歲的幼兒玩球的時候，會先同化（assimilation）球這個物體，再依先前建構的認知了解它是可以滾的，順從此特性作一些改變，從而適應（accommodation）玩球還可以跳、丟或抱（大球）。四至五歲的孩子就會利用家家酒的玩具做戲劇遊戲，亦即象徵性的遊戲發展愈來愈多。

　　教具能刺激遊戲，成為教保資源，每一種教玩具都會導引某種遊戲的產生，例如：積木、樂高、組合玩具能刺激建構遊戲的產生；洋娃娃、扮演衣服和家家酒的組合玩具能促進想像遊戲。

　　因此在學前階段，幼兒遊戲由功能性遊戲轉變為建構遊戲或戲劇遊戲，在轉變的過程中，教具的功能也要隨之改變，所以教具設計對此時期幼兒遊戲的發展有很大的意義，大抵教玩具設計的特性和兒童遊戲的關係如下：

1. 新奇性：新奇的東西引導鼓勵小孩去了解它的特性，了解
   後才會停止探究而開始玩它。這種由探究到遊戲的遞延過
   程，很顯然的有一情緒漸緩的趨勢，一旦新奇性褪去，小
   孩玩它的時間就減少了。
2. 逼眞性：Pulaski 研究五至七歲的小孩指出，構造簡單的
   玩具能引出較大的幻想主題的變化，比構造複雜的玩具爲
   佳。然而，有較大幻想力的小孩較少被逼眞性的玩具影
   響，這是因爲其幻想的傾向已被發展得很完全了。
3. 複雜性：年齡較大的比年齡較小的孩子好奇，會花費較多
   的時間探究複雜的東西。複雜的玩具在設計上較細微，
   Pulaski 和 Switzky 指出，玩具的複雜性增加，玩它的時間
   相對減少。一個複雜的、高度精密的玩具可能會限制小孩
   玩此玩具的創造和想像力，因爲它只能依本身所設計的來
   使用（曾錦煌，1982）。

郭靜晃（1992）進一步說明高眞實性、高結構性的教具，
可鼓勵嬰幼兒（2-3歲）做假裝、虛構的遊戲，但對年紀較大的
孩子則沒有效果。意即較小的幼兒應多給予眞實性的教具，刺
激其玩戲劇遊戲的行爲。對於大一點的幼兒，如大班的小朋
友，應提供眞實性較低的或一些組合教具，鼓勵他們做社會戲
劇遊戲。此外，因爲教具特性也可能產生不同的遊戲行爲，
如：

1. 團體遊戲行爲：如娃娃家的遊戲玩具、車子和各種交通運
   輸工具的玩具，會促進幼兒的團體遊戲行爲。
2. 單獨遊戲行爲：藝術建構性玩物，如剪刀、顏料、粉蠟筆
   等；或教育玩具，如穿珠、拼圖、黏土等較易促成單獨遊
   戲行爲。

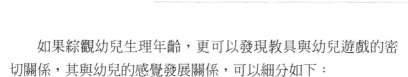

如果綜觀幼兒生理年齡，更可以發現教具與幼兒遊戲的密切關係，其與幼兒的感覺發展關係，可以細分如下：

1.出生到六個月：剛出生的嬰兒眼睛的調焦能力尚未充分發展，三個月以下的嬰兒不能看清楚十四吋以外的景物。不過聽覺的發展已相當良好，聽到聲音會有反應且能辨別聲音的方向。對會緩慢移動並且發出柔和聲音的物品比較感興趣。在出生後的最初三個月，父母就是嬰兒的最佳玩具。這個時期的嬰兒玩具，以能緩慢移動、發出柔和的聲音，具有明亮的紅、黃、綠色彩，簡單的設計、清楚的線條及造型，或具有人的臉部特徵（尤其是眼睛）的最適宜。

2.七至十二個月：這個時期感知覺能力繼續發展，大、小肌肉的動作能力也在發展之中。嬰兒開始能獨自坐著，爾後能爬行、站立及行走。由於移動能力增加，嬰兒開始喜歡探索周遭的物品，並透過拿、丟、推、拉、壓、擦、戳、擰、咬、吸等動作去把玩玩具。這時給幼兒的玩具造型宜簡單、色彩宜明亮、材質以易於清洗為原則。玩偶、填充玩具、鏡子仍然適用於這個年齡的嬰兒。例如套套杯，造型簡單同時能發出聲音的推拉玩具以及球等，都很受喜愛。最好能提供多種物品讓嬰兒操弄，除了市面上販賣的玩具，家中的物品也是這個年齡的嬰兒感興趣的玩物。

3.十三到二十四個月：大多數嬰兒在十二個月大的時候會走路，但走路的步伐仍然不很平穩，因此這個階段又稱為學步兒時期。學步兒喜愛推或拉著物品到處走，將物品堆高又推倒，將物品從容器中倒出又放入，作用於物品然後看看所產生的結果。這時學步兒的玩物已能增進大肌肉的動

作，例如推拉玩具、騎乘玩具（木馬）、球等都很適宜。騎乘玩具在十八個月大的時候再提供比較適宜。能增進感覺能力發展的玩物也很適宜，例如能發出聲響的玩具，填充動物玩具、玩偶、鈴鐺、錄音帶、簡單的圖畫書（布、塑膠、厚紙板製的）等。

4.二十五至三十六個月：這時期的幼兒走路已很平穩，喜愛嘗試做各種動作，例如跑、跳、滾、爬。開始有打鬧遊戲行為。對於物品的形狀、大小、顏色、質地感興趣。這時以提供幼兒能增進大肌肉動作技巧的推拉玩具為主，可以讓幼兒鑽進、爬出的空紙箱也很受喜愛。能夠拼出人、動物、幾何造型的玩具，以及可以進行配對、排序、計數活動的玩物都很適宜。

5.三至六歲：這時期的幼兒能比較有目的、有計劃地進行活動。喜愛進行比較顏色、形狀、聲音、氣味、味道、重量的活動。在這段期間，幼兒進行象徵遊戲與建構遊戲的時間逐漸增加。這階段的幼兒是一生中使用玩具最多的時期，而種類也較多。感覺發展方面的教具以各種形狀、顏色、材質的拼圖最為幼兒喜愛。這個階段的幼兒能使用真實性的玩物，也能使用較不真實的玩物進行角色扮演。玩偶、填充玩具仍然受到這個年齡幼兒的喜愛，它也可以用作象徵遊戲的道具（陳淑敏，1999）。

綜合上述，鑑於幼兒的年齡與遊戲行為的發展需要，設計適合的教具，以刺激幼兒遊戲行為的發展，實在是重要不過的事情。況且遊戲是孩子的工作，玩具是孩子的工具，孩子從遊戲中成長，從玩玩具中刺激腦筋靈活（張翠娥、吳文鶯，1997），所以提供和設計教玩具對幼兒遊戲發展十分重要。

第六節　幼兒教玩具與幼兒數與量的發展

　　按 Piaget 的認知發展理論，幼兒自兩歲至七歲為「準備運思期」（preoperation period），此階段又分為前概念階段（pre-conceptual sub-stage）和直覺階段（intuitive sub-stage）。前概念階段約從兩歲至四歲，可以直接推理、記符號。直覺階段為約從四歲至七歲，面臨情境時，會以直覺或過去的經驗推理。綜合言之，此期幼兒數量邏輯思維的特徵為：

1.能用直覺判斷事物，但仍傾向自我中心。
2.觀察事物只會集中注意力在某一顯著的特徵上，而無法注意全面。
3.只做單向思考，尚無法應變。
4.有短距的過去、現在和未來的時間觀念。
5.對自然界的現象採取想像的方式加以說明。

　　「準備運思期」是幼兒朝向具體運思期時的重要發展階段之一，是各項保留概念的發展。所謂的保留概念是幼兒面對同一物體的各種變化，如改變物體的形狀、位置、方向時，能了解該物體的若干特性，如大小、長度、豎立等仍維持不變的能力。

　　不同內容的保留概念，獲得的時間有先後的不同，如兒童先發展數量保留概念，再依序發展長度、重量、面積之保留概念。關於數目字，幼兒在剛開始講話不久就使用了。經由推敲、連接不同的或分散的感覺經驗，將不同的事物、情境歸納成一個概念。幼兒的概念初期與日常生活或一般經驗有關，而

影響概念的形成除了先天的生理因素，學習和經驗是其他兩大因素。

綜合上述，對於幼兒數量的教學目標，筆者認為應該讓幼兒有：

1.數概念：包括對自然數的數數、基數與序數，涉及幼兒生活周遭的事物，如有多少小朋友、有幾位老師、我是第幾號、我是第幾高等。接著延伸為配對、分類、等量和不等量等概念，如大小、形狀、顏色的配對和分類、我和你一樣多還是你比我多（少）。

2.量概念：包括比較大小、高矮、粗細、厚薄、輕重，以及量的正、逆排序，量的保留概念、量的相對性、傳遞性，和自然測量等。

3.時間概念：包括上午、下午、白天、黑夜、昨天、今天、日期等，如早上幾點起床？昨天去哪裡？今天快樂嗎？

4.空間概念分為：

　(1)空間方位：包括上下、左右、前後、二度和三度空間，如五官的位置、左手右手、樓上樓下等。

　(2)空間運動方向：包括向上、向下，往左、往右，爬上、爬下等（林嘉綏、李丹玲，1999；王美晴，1999）。

其實，這些概念均在幼兒生活的世界中，例如幼兒在學前階段已能使用心算（mental numberline）解決計算問題，也能比較出多少的問題（Brenner, 1989），因此空間形式和數量關係在幼兒的生活中俯拾即得，周遭環境的形形色色物體均有一定的數量及形狀，而大小也各不相同，並以一定的空間形式存在。如以下的兒歌：

早早起（時間），做早操，伸伸腿，彎彎腰，兩手（數）
向上舉（空間方向），還要跳一跳。

　　所以幼兒的數、量、時間、空間等概念均在生活中，各種
玩具、積木以其各種的顏色、不同的形狀、大小和數量吸引他
們，各式各樣的具體教具是引起幼兒學習數學不可或缺的因
素，幼兒的數學活動離不開可供操作的材料，如各種實物、玩
具、圖片和卡片等，對於材料的操作，能使幼兒具體理解數學
的概念、直覺地體驗到物體的形狀、數量以及他們的關係，這
是其他的數學概念及符號所不能比擬的，材料是提供幼兒通向
數學世界的橋樑（林嘉綏、李丹玲，1999）。

　　而且經由數學教具還可以檢驗幼兒的感官發展。例如陳貞
旬（2001）認為，許多數學教具都有一個感官教具做其前準備
經驗，例如：長棒在數棒之前；點數中需要用到的一對一對
應，可在帶插座圓柱體中練習。感官教具能檢查幼兒的腦和眼
是否恰當地運作。同時，感官教具也能檢查幼兒的大腦、肌肉
是否適當地運作，因為如果幼兒未能發展精細動作、手眼協調
能力，如何能數珠子呢？Montessori 女士在《蒙特梭利教育手
冊》曾言：「如果在適當的時機，提供孩子具體操作物的話，
在學習數學時，幼兒將已具備充分的知識去數數。」量的概念
是感官教育的一部分，相同、相異早已隱含在感官教育當中。
感官教具可說是「未數值化的數學教具」（陳貞旬譯，2001）。

　　所以我們也可以說「教具」是使幼兒通往數學世界的橋
樑，教具設計根據數學概念的教學目標設計，使教具能將抽象
的數學概念轉化為具體的形象，並且成為吸引人的操作物，讓
幼兒「想要」親近，所以西諺云：「不論在什麼時候，一盎司
的動機都會是一磅的技巧。」由此可知教具設計對幼兒數量能

力之發展具有重要的影響。

第七節　幼兒教玩具與幼兒邏輯思維的發展

　　思維（thinking）是內在的心理歷程，在此歷程中個體將心理所認知的事件之表象過程予以抽象化，以便在心理上運作處理，從而對事件的性質得以理解並獲知其意義；而邏輯推理（logical reasoning）則是在此歷程中運用邏輯法則以已知的事實或假設條件為基礎推演出有效的結論，從而對事理之間獲得理解的歷程（張春興，2004）。因此研究指出邏輯思維是科學探究過程的理論基礎，其功能為歸結證據，排除不合事理假設，進而導致真知實學。簡言之，科學實與邏輯推理不可分的。兒童發展學者咸認為學前幼兒即具有思維能力，其分類、排序、因果推理等邏輯思考能力是從嬰幼兒時期就持續變化、逐漸發展的（周淑惠，1996）。以因果關係為例，出生時幼兒就開始用其本能反映和知覺，探索世界及體驗對因果關係的理解，例如「只要採取某一行為，周圍的人與物就有所反應」，這因果關係是經過不斷重複實驗而被理解的（周淑惠，1997）。

　　至於幼兒邏輯思維，根據 Piaget 兒童的邏輯分類概念具有以下三種功能：

1. 聯繫事物間的共同點：指透過純感官反應，認定事物間的共同屬性之後，以系統性程序將具有此共同屬性之事物合併為同一類別，例如紅色圓形和黃色圓形合併為一類，其共同屬性為圓形。
2. 辨別事物之相異點：指透過純感官反應，辨別其不同之

處，如上例，其不同點在於顏色，一為黃，一為紅。

3. 量化：指明確地聯繫與比較系統之內涵與外延（intension-extension）。內涵為某概念所指示事物之本質以及各元素，外延為此一概念所指之主題，例如某一學校中所有學生之組合為外延，男生、女生為內涵。

　　Piaget 認為於日常生活中，能將事物合理地分門別類者，顯然可用精確明辨之方法，替代含糊籠統之反應，並且認為學童如果沒有系統化和靈活的分類能力，以及相互關係之思考能力，則學習易趨向呆板和扭曲；反之，能靈活運用邏輯分類系統，才能奠定日後青少年推演及演繹思考能力的基礎。

　　換言之，分類的基礎在區別，能區別事物的異同才有能力分類，邏輯的基礎在於歸納、發現規則（張翠娥， 1998）。而認知學派大師 Jerome Bruner 也認為兒童之認知包含分類與系統。因此教育之目的應使學習者了解事實之能力，由感官階層進入符號階層，而學習歷程則應使之逐漸增強區別同一符號所喚起的各種事物、情境、意念等能力，此即趨向分類思考、概念分析與統整能力之建立（林嘉綏、李丹玲， 1999）。

　　所以 Bruner 認為幼兒的數學教育應該提供幼兒智力的訓練，讓幼兒在操作具體材料的過程中探索。因為根據 Piaget 理論，二歲到七歲的幼兒處於運思前期，幼兒大約在兩歲時，開始把各種符號所指稱的實際事物區分出來，同時由於符號功能的出現，幼兒開始從具體動作中擺脫出來，憑藉象徵符號在頭腦裡進行「表象性思維」，而大約在四至七歲時，其智力活動的特點已能反映一些客觀的邏輯（陳幗眉、洪福財， 2004）。一般而言，智力指感知的能力、觀察力、注意力、記憶力、想像力、思維能力和語言能力等所組成的一種綜合體，而思維能力

則是其中的核心能力（林嘉綏、李丹玲，1999）。

綜合上述，教具對於幼兒智力或邏輯思維能力的提升具有正面之影響，因此藉助教具的操作，可以提供幼兒在遊戲當中練習邏輯思維的機會。

第三章

幼兒教玩具收納與整理

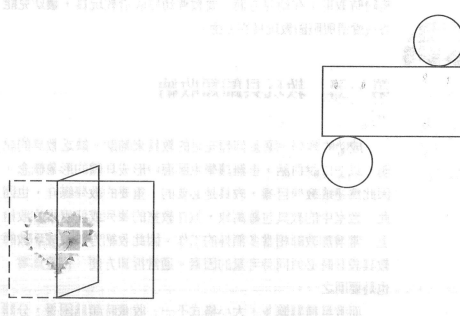

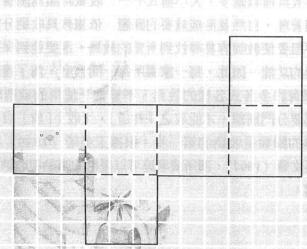

教玩具如果沒有妥善收納、定期清潔保養都可能產生危險
（American Academy of Pediatrics, 2005），所以教玩具的收納與清
理是幼兒教玩具製作與運用的重要安全程序。關於幼兒教玩具
收納與整理，在教師或大人方面首先要將教具分類收納，其次
要注意教玩具的清潔與管理，隨時保持教玩具整潔有序，才能
夠隨時取用；在幼兒方面，要教導幼兒收拾教玩具，讓幼兒能
養成愛惜與照顧教玩具的美德。

第一節　教玩具歸類收納

成功的教學，必須仰賴充足的教具來輔助。缺乏教具的說
明，以空口說白話，很難讓學生腦海中形成具體的形象概念。
因此為達成教學目標，教具是必要的、重要的教學媒介，也因
此，教室中的教具包羅萬象，但在教室的陳列或使用後的收拾
上，常增加教師相當多額外的工作。因此收納方便就成為教師
教具設計時必須同時考量的因素。通常拆卸方便，化整為零，
也是要則之一。

而教具種類繁多，大小格式不一，收藏時頗為困擾，分類
收納與管理，自然就形成重要的課題。依據教具收納分類的目
的，不但要使教師容易尋找到所要的教具，還要達到保存和保
護教具的功能。因此，每一家園所每一間教室，為了達成教保
目的都有許多各式各樣的教具。不管當下使用的或暫時不用
的，都要分門別類，才能取之「有道」，「收」「放」自如。所
以教具的歸類是收納的第一步。根據王美晴（1999）與張翠
娥、吳文鶯（1997），園所或家庭可以援用的歸納與收納方法如
下所述：

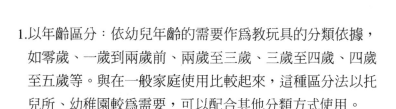

1.以年齡區分：依幼兒年齡的需要作為教玩具的分類依據，如零歲、一歲到兩歲前、兩歲至三歲、三歲至四歲、四歲至五歲等。與在一般家庭使用比較起來，這種區分法以托兒所、幼稚園較為需要，可以配合其他分類方式使用。

2.以材料區分：依教玩具的素材區分，如金屬、木材、塑膠、紙類、布品類等分別置放，劃分清楚外，也可以避免碰撞，延長教玩具壽命。這種區分法也較方便教師清洗或修補污損的教玩具。

3.以促進幼兒發展功能區分：如依感覺、運動、手眼協調、自理能力、社會性行為、語言、邏輯思考等做分類，方便教師可依教學的需要選擇促進幼兒發展的教具作為教學輔助。在建立學習區時，也可依此區分出不同功能領域。

4.以形狀大小區分：大型且笨重的教具宜放置在低處，一方面顯眼易發現，一方面不會有掉落的危險。但是使用此方法收納教玩具，最好要同時搭配其他分類方式，否則光依大小，很難馬上找到所需的東西。

5.以使用次數區分：常使用的教具宜放在顯眼且能隨手拿得到的地方，較少使用的教玩具宜放置在較不起眼、或較拿不到的地方。有時也可以把一些教具收起來，過一陣子再拿出來，可以提高教具的使用率，和增加幼兒使用教具的專心度。

對於這些林林總總、各式各樣的教玩具，園所可因收納的目的不同，而選擇不同功能的收納櫃子，以便適當的收納各類的教玩具。大體上以下具有不同功能的櫃子，可以達到不同的收納目的。

1.玩具櫃式：玩具櫃式的收納可分架式和封閉式，也有兩者

並用式。一般開架
部分顯示可以自由
取放，應選取適合
於目前發展能力的
教玩具，且應分類
或標示格放。至於
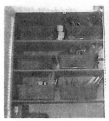

封閉式意味著此處是禁區，除非得到大人的許可，否則不能隨意亂動。通常置放較為貴重和必須小心取放的物品、較少使用的教玩具或暫時不用的教玩具。為一般教室常常運用的收納法。

2.玩具箱式：適合一、兩歲的幼兒放回玩具，只要送回箱子就了事。一般家庭和小小班採用這種方式。

3.抽屜式：因為抽屜式的收納可以節省空間，而且從外表看不出雜亂，只要標示清楚，可以置放一些教玩具，對於大小不一、不易擺放整齊的
教玩具，如錄音帶、錄影
帶、小錄音機、美勞、縫
工、積木等，是不錯的收
納選擇，很多園所也用來
做幼兒的工作櫃。

4.直立架式：通常較大型的幼
　兒園，會另設教具室，因只
　有大人才能進入，而且為節
　省空間，而以直立式的高架
　置放各類的教具。其優點為
　專人專室收納管理，且空間
　大又有系統，缺點是一般教
　保人員並不十分了解有什麼
　內容，也不能輕易取得，必
　須經過申請的程序。

第二節　教玩具清理與管理

　　教玩具的清理是教具維護和保存的重要工作，可以每天清
理，也可一段時間清理一次；可以單單擦拭，也可以肥皂水清
洗；可以用水洗，也有的只能乾洗；端視教具的質材而定，以
下是一般的清理原則：

1.塑膠類：由於塑膠類教玩具可以用水清洗或浸泡，是較容
　易清洗的玩具，如果不是很髒，只須擦拭即可；否則就須
　以肥皂水擦洗，再用清水洗淨。

2.填充類：填充類的教玩具，可以放在洗衣袋內用洗衣機清
　洗並脫水，洗衣袋可以防止縫份破裂，又可以防止質材
　（如絨毛）被破壞。如有外套，則可以脫下來清洗，並視
　情況，將填充物曝曬、乾洗或水洗。

3.木製類：木製類教玩具最怕潮濕，除了要置放在乾燥的地

方（避免靠近牆角和地板），還要隨時採用除濕機，因為台灣氣候偏偏向溼熱。清理方面尤其要注意陰乾，強烈日曬、泡水均容易變形，潮濕易發黴，所以要儘速擦拭（除非很髒，才用肥皂水）、晾乾。

4. 金屬類：金屬類和塑膠類教玩具一樣是屬於較容易清理的一類，除了平日擦拭塵垢外，還要觀察有無生鏽、銅綠，如有則趕緊處理，最好是塗上保護層。

5. 紙類：紙類教具在保存上較不易，容易褪色、發黴、長蟲、不耐用等等缺點。但因其質材取得容易，是幼兒園最常使用的教玩具質材。平日的清理，著重在擦拭灰塵和保持乾燥清潔，為增加其耐用度，可再加上保護措施。

至於教具整理，是教具能繼續保存下去的關鍵，可以隨時著手，也可以找時間好好的拼裝創新，以下是常見的方法：

1. 清點教玩具：每日上課前要「準備好環境」，清點所有的教玩具是否齊備，有無缺失、遺漏、損壞，是準備好環境的手段，也是整理教玩具最重要步驟之一。

2. 修補：如護貝的卡紙要修邊、脫漆的教玩具要噴漆修補、零件要鎖緊等，預防幼兒接觸時，各種危險的產生，同時也可以保持吸引人的外觀。

3. 重組：找出易掉落的組合物，尤其是積木或雪花片等，通常在角落散置，幼兒不容易發覺，有時幼兒發現，會好奇的放入口鼻，十分危險。利用重組的機會，找出散落物再重組，既可維護教玩具，也可避免危險發生。

4. 拆裝創新：如果教玩具已不可能再重組出原貌，在丟棄之前好好想一想，可以拆出哪些可用的部分，重新組裝成為一個新教玩具，如此不但能激發創造力，還可以節省製作

的時間和成本。

　　至於教具管理，不但關係到教具的收納和保存，更重要的是能使教具發揮功能被善用。如何讓教保人員有效率的找到適用的教具，教具管理有其重要的角色。

1. 教具規格化：圖片儘量裁成 A4 ，字卡則為 A4 紙四分之一大小的西卡紙，加上護貝。

2. 教具加封套：任何教玩具如有封套就能增加一層保護，可以統一各類教具的封套特徵，只要看封套外觀就能辨認，一舉兩得。

3. 教具加盒裝：對於立體的教玩具，可以利用各式各樣的盒子，依形狀大小選取適合的擺放，在盒子上加標示說明，也可以加上包裝紙使各類教玩具成一系列。可免教玩具物品散落，也可以善用資源並且一目瞭然。

4. 教具編冊：將所有的教玩具項目和其說明製成冊，以供查詢。或可參考王晴美（1999 ，頁 6-8）的做法：「教具冊」和「教具卡」（如**表** 3-1 與**表** 3-2）。

表 3-1　**教具冊**　　　　　　　　　　　　　語文類 1 糖果娃娃

借閱日期	歸還日期	借閱老師	負責人
××年 2 月 1 日	××年 2 月 28 日	花貓班王老師	

表 3-2 **教具卡** 語文類 1

教具名稱	
教具目標	
適合年齡	
操作方法	
照片	
延伸活動	

第三節 如何教導幼兒收拾教玩具？

　　幼兒的教玩具是他們的親密夥伴，成天抱著拿著，清潔衛生實在不可疏忽，除了父母老師應予注意和清潔外，更應教導幼兒保持教玩具的清潔。

　　再者，讓幼兒參與教玩具的收拾，有說不盡的好處。對教具的收納而言，這是一項經濟、方便的人力；對教師而言，這是使教具收納的工作得以事半功倍的方法；對幼兒而言，這是一舉數得的學習：不但可以養成物歸原處、整齊清潔、愛惜物力、勤勞刻儉、有始有終、有責任感等好習慣外，還可以增進幼兒的成就感與自我肯定。幼兒參與收拾教玩具，既然有這麼多的好處，應該如何實行呢？以下是一些方法：

　　1.提供自理的環境：擺放的器材或玩具應力求自理程度高，讓幼兒無須處處徵求老師的同意才可以使用，或得完全依

賴老師的指導才知如何使用。每一個籃子（盤子）內只要放一件或一種教材或玩具（戴文青，2000），幼兒在取放時，便能一目瞭然，能依標示物歸原處。

2.讓收拾也是教具的操作步驟之一：是把收拾做為幼兒操作教具的最後一個階段，讓幼兒依照教具的收放步驟一一的去操作，做完了步驟也就收拾好了教玩具。

3.養成歸位的好習慣：幼兒教育為養成幼兒愛惜物力以及整潔的好習慣，讓幼兒隨時物歸原處是重要的常規。在蒙式教學中要求幼兒必須將教玩具歸位，才能再取另一項，也是這種好習慣的養成。

4.充分的說明與示範：在教具操作前的說明與示範時，就要呈現正確的收拾方法與步驟，再經由提醒與約定，讓幼兒肯定收拾也是操作的一部分。

5.適時給予鼓勵：在每次圓滿的教玩具操作後（收拾善後），應當立即給予肯定的鼓勵，不管是語言、肢體或是物質的鼓勵，都可以增強這種好行為的養成和維持。

第四章

幼兒教玩具設計的基本認識

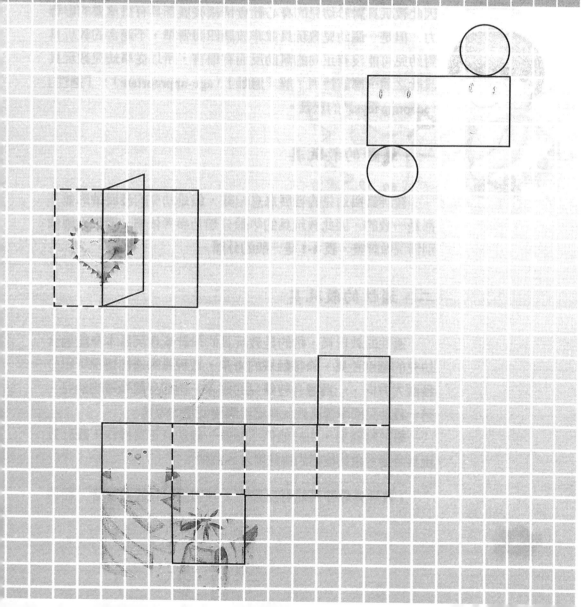

第一節　適齡適性的幼兒教玩具

從第二章可以知道教玩具是幼兒從事遊戲的重要媒介物，因此教玩具對於幼兒的身心社會情緒發展都具有很重要的影響力。但是一個幼兒教玩具並非放諸四海皆準，不適合的教玩具對幼兒可能沒有正向的幫助反而有傷害，所以從事幼兒教玩具設計之前，應該特別了解「適齡」（age-appropriate）、「適性」（adapting toys）的意義。

一、適齡的教玩具

教玩具與幼兒的發展息息相關，但是幼兒的發展情形並不都是一致的，因此教玩具的年齡分類乃參考依據，還須因應個別情況做調整。**表** 4-1 是一般的分類。

二、適性的教玩具

適性的教玩具，指的是教玩具的設計或教玩具本身能適合幼兒的個別差異。除卻齡域的考量，教玩具的適性情況可粗分為兩大方向，一為適合特殊兒的需求，例如身體殘障的幼兒，另一為幼兒園學習區教玩具適性調整使用的考量。

對於特殊兒，由於他們不能像一般幼兒正常操作，設計教玩具時要考慮到他們的特殊需求，例如：

1.教玩具最好是能有反應的：例如教玩具能有聲音、能移

表 4-1　適合各年齡的教（玩）具

	感官類	建構性教具	操作性教具	娃娃及戲劇遊戲	書籍及錄放音設備	藝術性材料
三歲	*水和沙的玩具、杯子、鏟子 *麵糰 *鈴、木敲、擊板、三角鐵、鼓 *纖維配對、感覺箱	*組合積木及動物、人物、木質車及貨車等附件 *以大型零件相互連結的組合建構玩具 *木質火車、車軌組 *錘、鋼軟木、大頭釘等釘固定積木	*四到二十件大塊的木質猜謎玩具 *木栓板 *大串的穿珠及線 *縫製板 *架高玩具 *圖書面具、圖畫配對遊戲	*穿著衣服，可以清洗的洋娃娃 *娃娃床 *幼兒適用的桌椅 *盤、鍋、盆 *盛裝衣物、帽子、鞋、上衣 *手掌戲偶 *購物車 *柔軟可抱的玩具	*清楚的圖畫書 *有故事、讀及孩子知道的事 *收錄音機有古典音樂，鄉村歌曲，或兒歌	*粗頭的彩色筆 *大張紙、魚架 *手指及蛋黃、麵粉顏料，1/2的畫筆 *鈍頭剪刀 *白膠
四歲	*水類玩具：量杯、打蛋器 *沙類玩具：小車、安全容器。 *木琴、響葫蘆、小手鼓。 *陶土	*較多組的積木，形狀和附件 *桌上積木 *真實式的汽車 *較小的建構組合 *木工凳、鋸子、砂紙、釘子	*猜謎玩具、木栓板、小型穿珠 *拼花積木 *用來分類的小東西 *放大鏡 *大理石 *簡單的木片或木板遊戲 *絨布板、布書圖畫和文字 *文字、數字遊戲、材料堅固	*洋娃娃及附件 *洋娃娃車 *幼兒用洗滌槽 *較多的盛裝衣物。 *食物 *飛機場、娃娃家及附件 *手持及木棒偶 *較多扮家家酒玩具	*簡單的科學書籍 *較詳細的圖畫、故事書 *耐用的收錄音機 *書籍及自製的資料	*細魚筆、魚架 *厚蠟筆、粉筆 *膠、膠帶 *貼魚材料

幼兒教玩具設計與運用

（續）表 4-1　適合各年齡的教（玩）具

	感官類	建構性教具	操作性教具	娃娃及戲劇遊戲	書籍及錄放音設備	藝術性材料
五至六歲	*水類玩具：食物著色、喞筒、漏斗 *沙類玩具：各種盛裝 *吉他、錄音機、口琴 *做陶的玩具	*較多組積木、形狀和附件多樣化 *城鎮和道路的模型 *中空的積木 *螺旋起子、螺旋釘、量尺、曲柄鑽孔器及附件	*較複雜的猜謎遊戲 *面具 *較難的口卡、板遊戲 *長線、大針、布、縫製材料 *磁石 *分類積木	*付帳處，價錢、附件及遊戲道具 *布置環境的加油站、建議玩具，辦公室等 *打字機	*各國文化書籍 *有章回的故事書 *幼兒喜歡閱讀的書 *幼兒書單	*水彩、畫紙、釘書機、打孔器 *畫板（架） *油性蠟筆、粉蠟筆 *簡單的照像設備

資料來源：改編自《幼兒安全教育手冊》（1993）。

動、能有聲光效果，更能刺激特殊兒的興趣。

2.適齡的教玩具選擇：與一般幼兒沒什麼差異，在發展上，對於一般幼兒適宜的教玩具對於特殊兒也是合宜的。

3.隨時調整教玩具：多觀察特殊兒之教具操作，以發現其特殊需求，隨時調整教玩具。

4.儘量採用日常生活的題材：對於特殊兒，教玩具的設計應儘量採用日常生活中他們熟悉的題材與素材，例如廚房用具、日常包裝用品等。

5.訓練生活技能爲導向：對於特殊兒，教玩具的設計與運用，要以訓練他們生活技能爲導向。

此外，對於特殊幼兒教玩具的設計，還要注意其異於一般幼兒教玩具之選材及調整，其適性原則主要以增進下列四項：

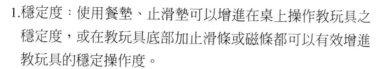

1. 穩定度：使用餐墊、止滑墊可以增進在桌上操作教玩具之穩定度，或在教玩具底部加止滑條或磁條都可以有效增進教玩具的穩定操作度。
2. 延展性：選擇能塑形（軟的）的陶土、伸縮棒子、海綿滾輪、泡泡填充物、塑像黏土等。
3. 固著性：增加教玩具的固著性，可以善用雙面膠、魔鬼粘、鬆緊帶等
4. 明確性：比如畫線或用其他現成的玩具如呼拉圈、三角錐將活動範圍明顯標示出來（Simpson & Lynch, 2003）。

　　至於在幼兒園學習區，教玩具除了依學習區的性質設計、製作，還要考量這些特殊幼兒的需求，由於他們的行動受限，在一般教玩具的運用還要做適性調整，以方便他們操作，大體而言，對這些特殊幼兒所做的調整，簡單的作法如**表 4-2** 所示。

第二節　幼兒教玩具設計的安全性

　　幼兒與教玩具的密切性實不言而喻，幾乎所有的幼兒在童年，都和自己喜愛的教玩具度過快樂時光，也透過教玩具這個媒介學習與發展，因此，教玩具的安全乃教玩具設計過程中不可輕忽的關鍵。

一、一般教玩具的安全性認識

　　教玩具設計的最主要目的就是提供幼兒安全的、快樂學

表 4-2　幼兒園學習區適性教玩具與其調整

學習區	適性之教玩具	適性調整設計
大動作區	大球、布球、布袋、三輪車、滑板、球池、隧道、搖搖馬、鞦韆	1. 球與手套，可在手套加魔鬼粘以方便接球 2. 鞦韆的位置後設靠背，必要時可供協助
精細動作區	衣夾、沙坑玩具、戲水玩具、拼圖、串珠、黏土	1. 串珠的線頭可以用膠帶綑緊，防止脫落 2. 玩沙桌子或戲水桌要與輪椅同高
積木區	樂高積木、大型箱型積木、立型積木等	1. 靠著牆面堆積木，或橫向推積木，以增加穩定度 2. 放一些在置物箱以方便取用（特殊幼兒構不到置物架）
藝術區	刷子、畫筆、蠟筆、顏料、膠水、漿糊、剪刀、圖畫紙	1. 刷子、畫筆加海綿墊包裝，方便握取 2. 顏料羼一些素材如沙、或利用對比強烈顏色，都可幫助視覺障礙的幼兒辨識 3. 小型剪刀方便肌肉萎縮的孩子使用 4. 圖案的周圍塗上白膠增進觸感，讓視障幼兒容易辨識描繪範疇
扮演區	扮家家酒的玩具、鏡子、衣物等	1. 抽屜的拉把要比一般大，以適方便肢障幼兒取物、收納 2. 對於注意不集中的幼兒，要拉上簾子避免分心

資料來源：Simpson & Lynch, 2003.

習，但是當好玩的教玩具具有危險性或威脅到幼兒的安全時，則失去了最基本的意義，因此對教玩具要有基本的安全意識，才能設計出適宜的教玩具。

　　首先若是以購買現成的產品再予 DIY 時，要注意這些玩具是否印有白底綠字的"ST"（Safe Toy）安全玩具標誌，這是由國家中央標準局製定的「玩具安全標準」。

　　中央標準局透過「玩具檢驗中心」測試玩具的耐衝擊、咬嚼、扭力、拉力、壓縮、彎曲、危險尖端、危險邊緣、口啣玩具、穩定性（騎乘類）、機構之不可觸及性、縫線拉力、小物件、包裝薄膜、繩索橡皮帶、防火、有毒金屬、塗料混合等試驗，一旦經過安全檢驗中心測試沒有毒性、銳性、易燃、尖角等危險性後，才將"ST"標誌發給製造廠商貼在玩具上，以作爲消費者選購安全玩具的識別，若使用這些安全玩具而受傷，則可由「玩具安全鑑定委員會」調查及裁定後視情況而發給慰問金。

　　如果由幼教師自製或是與幼兒一起製造教玩具時，設計及製作過程，必須以安全爲最優先考量，幼教師可善於利用資源回收的環保廢棄物，並且要注意材質的安全處理，例如要注意鐵罐、紙張的邊緣是否太銳利；竹、木類是否有突出纖維；玻璃類製品是否易碎等問題，是以幼教師要心思細密的設計與製作，並去除潛在的危險因子。若是和幼兒一起製作，在進行的過程中更要步步爲營地督導幼兒，等到產品完成後，還要視操作的實際狀況再作調整與修正，以期能發揮教玩具的特性，並能保障幼兒操作的安全。

二、一般幼兒教玩具帶來的危險因子

　　當教保人員進行幼兒教玩具設計時，經常是上窮碧落下黃泉的搜尋可資使用的素材或點子，但是最怕在苦思之餘，忽視了素材的安全性，尤其是採購現成教玩具再 DIY 以改製成適性的教玩具之時，常常忽視了市售產品的危險因子，一般而言，潛藏在教玩具的危險因子，大概可以歸納爲以下幾點：

1.構造及品質粗劣，容易毀損及表面突出、粗糙等，使幼兒被刺傷、刮傷等。

2.組件不夠牢固，容易掉落，如娃娃的眼睛，造成幼兒誤食、夾傷。

3.造型本身，如劍、刀等過於尖銳，造成刺傷。

4.堅硬的玩具堆得太高，如積木，掉下來砸傷人。

5.沒有外殼保護的發條玩具，被鍊條夾傷或刺傷，或是被射出的小零件擊傷。

6.電動玩具充電不當，造成電擊、中毒。

7.燃燒性的玩具，如鞭炮、手槍、氫汽球造成燒燙傷。

8.有毒的漆料或色素產生慢性中毒。

9.玻璃製類等易碎的產品，造成割傷。

10.玩具的構造太過複雜，不容易清洗，以致於暗藏許多污垢、細菌等。

11.教玩具本身的構造並沒有問題，而是由於幼兒操作不當帶來的傷害。

12.在操作教玩具中，由於幼兒之間起衝突，因而有人被教玩具打到或刺傷等。

13.過於老舊、破損，加上園所未善盡檢修及管理工作。

凡此都是進行幼兒教玩具設計時，必須特別留心的安全重點。

三、幼兒教玩具設計安全檢核

了解一般幼教玩具的安全性之後，在教玩具設計之前、進行中，乃至後續的運用都要留意幼兒教玩具的安全檢核，**表** 4-3 可用來協助進行簡單的教玩具設計與運用的檢核工作。

表 4-3　安全教玩具的檢核表

安全教玩具的檢核	檢核結果		
	是	否	改進方式
1. 購買市售的教玩具是否具有 "ST" 的標誌。			
2. 教玩具是否清楚的標示：名稱、使用方法、警告標示、適用年齡，以及製造廠商名稱、地址、電話、主要成分等。			
3. 教玩具是否配合幼兒的年齡及發展需要。			
4. 教玩具的材質、大小是否適合幼兒操作。			
5. 幼兒是否會正確操作教玩具。			
6. 附有繩索的教玩具是否超過 30 公分。			
7. 填充、絨毛玩具之縫線是否完好。			
8. 教玩具或小附件是否太小（十元硬幣以下，容易誤食）			
9. 零件或油漆是否容易脫落。			
10. 教玩具是否容易破裂或凹陷。			
11. 電動玩具的充電設備是否容易漏電。			
12. 教玩具是否堅固耐用，不易碎。			
13. 教玩具的數量是否足夠。			
14. 園所是否定期檢修、清洗教玩具。			
15. 幼教師是否定有明確的遊戲規則。			
16. 不同種類的玩具，是否附有正確的玩具商品警告標示。			

資料來源：教育部（1993）。

第三節　幼兒教玩具設計的安全實惠素材

　　如同上述，當教保人員進行教玩具設計時，幾乎是絞盡腦汁，但是在眼花撩亂的花花世界當中到底要選擇哪些素材，這是考驗設計者的第一步。其實一般能做為嬰幼兒教玩具的素材，幾乎都在我們身旁、觸目可及，設計者只要稍加留心便能運用自如。以下整理一些常用的經濟素材（如**表 4-4**）以及一些惠而不費的回收物資（**表 4-5**），善用這些經濟的資源，才能真正符合前述教玩具製作的「經濟原則」。

表 4-4　設計幼兒教玩具常用的經濟素材

1.剪刀	2.色筆、奇異筆	3.膠帶
4.膠水	5.白膠	6.保麗龍膠
7.美工刀	8.雙面膠	9.泡棉膠
10.尺	11.鉛筆、橡皮擦	12.針線
13.花邊剪刀	14.圓規刀	15.護貝膠膜
16.博士膜	17.魔鬼粘	18.轉動眼珠
19.母子帶	20.西卡紙	21.厚紙板
22.壁報紙	23.色紙	24.包裝紙
25.名片盒	26.描圖紙	27.瓦楞紙
28.不織布	29.白紙、圖畫紙	30.棉花
31.尼龍繩	32.保麗龍板	33.緞帶

表 4-5　設計幼兒教玩具可用之回收物資

1.紙箱	2.碎布	3.菜瓜布
4.毛巾	5.巧拼地墊	6.海綿
7.鞋盒、餅乾盒、包裝盒	8.舊鑰匙	9.鈕釦
10.沙子、小石子	11.雜誌、傳單上的圖案（食物或動物）	12.報紙
13.木板	14.衛生筷	15.底片空盒
16.任何繩子	17.飲料盒子（樂利屋）	18.吸管
19.舊襪子、手套、衣著	20.瓶瓶罐罐（可樂瓶、養樂多瓶、藥罐、糖果罐）	21.贈品（百貨公司、速食店、路邊發放品）

第二部分
幼兒教玩具設計與運用實例

幼兒的發展重點，不外關乎感覺的視、聽、味、嗅、觸覺；關乎知覺的空間、時間等知覺；關乎大肌肉動作的移動、平衡、操作等運動；關乎生活自理的手眼協調、基本動作等小肌肉動作；以及關乎社會行為的社會認知、社會技巧能力；關乎語言的理解、表達、模仿等能力；關乎數量概念的邏輯思維及分類序列等能力。在這第二部分，筆者統整這些發展重點，終將教玩具歸納為七個種類，希望藉此能讓讀者對於自製教玩具的設計方向以及運用更得心應手。現在依次介紹七個章節：第五章感覺發展的教玩具、第六章運動發展的教玩具、第七章視聽覺的教玩具、第八章手眼協調的教玩具、第九章社會行為發展的教玩具、第十章語言發展的教玩具、第十一章數學活動的教玩具。

第五章
感覺發展的教玩具

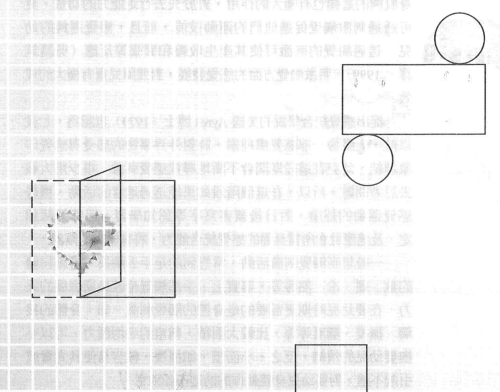

在感覺發展中，觸覺占其中相當重要的部分。因為感覺系統中，觸覺是最早出現的，而且它與視聽覺不同，不局限於個別器官，是全身性的感覺系統，因此我們可對身體各部位進行刺激。

由近年的研究可知，刺激觸覺對於傳遞大腦運動意志到全身肌肉的通暢也有極大的作用，對於失去行走能力的幼童，更可透過刺激觸覺促進他們的運動技能，而且，感覺遲鈍的幼兒，透過觸覺的刺激可使其產生收縮和緊張等反應（吳緒筑譯，1999）。刺激觸覺方面的感覺發展，對殘障兒童有極大的成效。

提出感覺統合學說的美國 Ayres 博士（1979）也認為，七歲以前，人腦像一部感覺處理器，將對外界事物的感受與感覺印象連結，幼兒在這段期間會不斷地尋找感覺刺激，很少用大腦去思考問題。所以，在這個階段如果能透過適當的活動，獲得感覺運動的經驗，對日後讀書寫字等認知學習、保持情緒鎮定，及適應社會所需具備的感覺統合能力，將有極大的幫助。

一般想到觸覺刺激活動，常想到的是手去觸摸，辨識物體的軟、硬、冷、熱等等，事實上，手部觸覺是較後期發展的能力，在嬰幼兒時期更需要的是身體的觸覺刺激。如：身體的接觸、撫摸、觸壓等等，比較大面積，稍重的平均壓力，可以平撫嬰幼兒的情緒。反之，小面積，如搔癢，較容易使其亢奮或引起不適，對嬰幼兒身體動作的助益不如前者。

接下來，本章將刺激手腳觸覺的教玩具歸為一類，與刺激身體觸覺的教玩具相區別，更能展現以上理論在實例中如何施行。

第一節　肢體觸覺的教玩具

　　人類在十歲以前腦部的成長發育相當快速，通常能達到成人大腦重量的九成（Diamond & Hopson, 1998），利用肢體觸覺傳遞大腦運動意志，對於大腦的發展有很大的幫助。又此時幼兒正值 Bruner 所謂的「動作表徵期」，讓幼兒儘量翻滾、爬行、作手部抱、握的動作，「活動筋骨」對其動作、大腦靈活有很大的幫助。

(一)觸覺真好玩！

設計者：林淑君（2004.06）

【前言】

　　觸覺教具能啟動全身感官感覺的發展，透過教具的多元組合與路徑的安排，能帶來豐富的教學內容，孩子從爬、走、跑、跳基本動作，才能發展為動作敏捷的小個體，這是每個幼兒必經的成長過程，只有大小肌肉充分發展，動作靈巧的孩子，才能奠定日後與環境、生活、學習的良好互動。

【適合齡域】

　　三歲以上幼兒。

【製作材料】

　　巧拼地墊 14 塊、絨布 2 片、棉花 1 包、彈珠 100 顆、清潔布 3 包、茱瓜布 6 片、廚房用清潔墊 1 張、字卡紙箱（收納盒）、名片盒、包裝紙、保護膜、防滑墊、剪刀、美工刀、長尺、白膠、保麗龍膠、泡棉膠、雙面膠、鉛筆、筆、鉛線。

幼兒教玩具設計與運用

 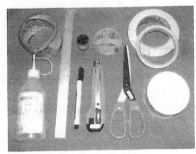

【製作過程】

1.把人工草皮黏貼在巧拼上，並用鉛線綁好，加強牢固。

2.把茶瓜布貼牢於巧拼上（以保麗龍膠貼黏最佳）。

3.把廚房用清潔墊裡面塞滿棉花，製造蓬鬆感（以保麗龍膠
貼黏最佳）。

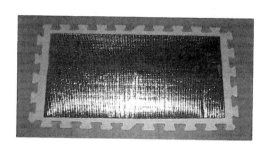

4.在絨布裡面塞滿棉花，縫合後貼黏於巧拼上（白膠即
可）。

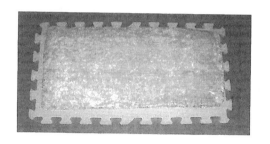

5.將巧拼挖好洞，把彈珠鑲黏進去（以保麗龍膠貼黏最
佳）。

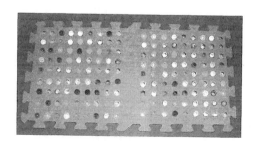

6.用保護膜把棉花包好,再用鉛線縫合在巧拼上。

7.把清潔布黏貼於巧拼上(以保麗龍膠貼黏最佳)。

【成品】

　　各種不同觸覺質感的長墊,可以讓幼兒光著身子在上面做翻滾,刺激全身的感觸覺。

【收納／教具評估】

　　於收納箱側面分別標示各材質名稱與號碼，以便幼兒能獨立收納。

（製作字卡，方便收納、存放）

(二)我用身體吃冰淇淋

設計者：甘明穎（2003.6）

【前言】

　　觸覺是所有感覺中最先有的感覺，但是肢體的感觸覺常常在後來的發展中被忽視，又三至四歲的幼兒已有側滾的動作能力，藉由本教具可以：

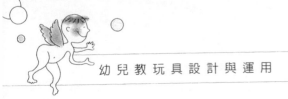
1.促進幼兒身體與大腦的協調能力。

2.增進生理發展與肌肉的協調能力。

【製作材料】

　　防滑墊、菜瓜布、麻布、報紙、剪刀、針線、膠水、魔鬼粘。

【製作過程】

1.將防滑墊剪成冰淇淋狀，分別黏上或縫上觸覺對比強烈的素材：菜瓜布、麻布、報紙團。（帶上手套可免扎針或膠水黏手）。

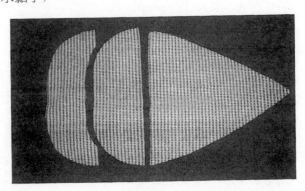

2.將觸覺材料與底型黏合。

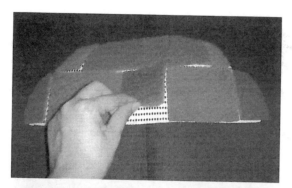

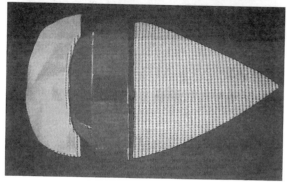

3.將紙揉成團,黏貼在冰淇淋筒底型上。

【成品】

冰淇淋墊完成，各片以魔鬼粘黏合（可拆黏）。

【收納／教具評估】

- 收納：由於防滑墊可以摺疊，只需準備一個容器或袋子就可以收納。

- 教具評估：本教具可以視幼兒身長再增減長短，增長部分只要再加一球冰淇淋即可。

第二節　手腳觸覺的教玩具

　　如前述觸覺乃最早出現的感覺之一，視聽覺只限於個別的器官，然而觸覺則全身都有，心理學家 Piaget 認為幼兒處於感覺動作期，此期的認知活動建立於感官的立即經驗，主要是依據動作與感覺，透過手、腳與感官的直接動作來了解外在事物（黃志成、林貞谷，2001），因此給予幼兒手腳觸覺的教玩具有其必要性。

(一)摸一摸

設計者：林女足（2003.06）

【前言】

　　嬰兒期的寶寶其觸覺發育可分爲搜尋反射、握拳反射、足底反射。搜尋反射中如吸吮手指頭。就心理學家 Freud 的理論而言，嬰兒有口腔期，會吸吮手指頭來滿足口慾，得到快感，這對其人格發展有正面的影響。全握反射是指寶寶常會抓握東西，而且力量很大，此時可讓寶寶握之有物，訓練他抓握的能力。而足底反射則是寶寶常會有踢腳、腳趾張開的行爲，此時父母可在寶寶踢腳時用手抵住他的腳，如此來回的交流，除了是一種動作發展外，對於肌肉和骨骼也會有良好的發展。

　　在遊戲方面，緊緊抱住寶寶使他有安全感，也是一種觸覺訓練，此外，用寶寶的手指摸爸爸媽媽的臉、手、腳，或父母用手指觸摸寶寶的頭、臉等，這種雙向交流也是親子間很好的活動。此外手指的發展分粗動作和細動作，粗動作是嬰兒一至二歲最早期時所必須訓練的。

【適合齡域】

　　一歲以上。

【製作材料】

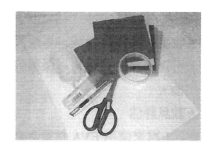

　　西卡紙、色紙、砂紙、氣泡袋、瓦楞紙、棉紙、毛線、菜瓜布、字卡、膠水、雙面膠、剪刀。

【製作過程】

1.將西卡紙的每一面貼上色紙（視所需的觸摸材質決定做幾面）。

2.每一面均分別貼上觸摸的材質及字卡，材質可做成各種造形。（例如：砂紙可做成烏雲等各種不同的造形）

3.完成後再做封面，即完成一本觸摸書。

【成品】

【收納／教具評估】

• 收納：因為是做成一本觸摸書，所以只要好好保存就好，也可以用書套或是可以保護表面的套子來加以保護之，避免受損。

• 教具評估：

　1.原來使用 EVA 材質當底部，但效果不是很好，所以改成用西卡紙當底部，或者可以用不織布代替。

　2.每一個觸摸的材質，都可以做各種圖形的變化，不一定要

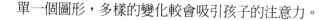

單一個圖形，多樣的變化較會吸引孩子的注意力。

每個材質底部都有其名稱，可以讓孩子知道自己摸的東西是什麼。

(二)拼拼看 VS.跳房子

設計者：郭玫秀（2004.06）

【前言】

「觸覺」是幼兒操作玩具、探索環境的基本知覺。針對不同階段給予觸覺刺激，對嬰幼兒而言，要認識周圍環境中的事物，並能有適宜的反應，與其有和諧的互動，都是要透過感官的直接接觸，運用肢體學習。因此一個正常的孩子會不斷的以手腳來探索外界的事物，增加感官的運動和經驗，做為心智成長的開始，在嘗試錯誤中學習、練習、修正，建立生活常規，也奠定了日後心智及社會適應能力的基礎。

【適合齡域】

三歲以上幼兒。

【玩法】

• 手的觸覺教具：

　　1.老師將所有材質的小長方形巧拼混合後置於桌面上。

　　2.請幼兒戴上眼罩，老師先把對照的材質讓幼兒觸摸。

　　3.請幼兒觸摸桌面上的小長方形巧拼並說出材質的感覺，再找出相同觸覺的材質，將之拼成大的長方形。

　　4.幼兒拿下眼罩後，可利用巧拼背面的數字做教具評估。

• 腳的觸覺教具：

　　可將巧拼置於地面，鋪成跳房子的圖形玩，或者可再增加

更多巧拼圖成像大富翁一樣，幼兒以猜拳決定先行步數。

【製作材料】

巧拼地墊 16 塊（手腳各 8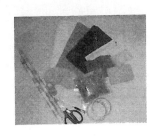
塊）、數種布料（絨布、菜瓜布、毛
巾布、裡布、不織布）、數種材質
（人工草皮、花豆、海綿）、字卡、
大紙箱、名片盒、包裝紙、眼罩、
剪刀、刀片、白膠、泡棉膠、透明膠帶、防滑墊。

【製作過程】

• 手的觸覺教具：

1.將巧拼畫上需切割的圖形。

2.將圖形切割下來，圓形部分是對照用，二塊小長方形則是
要拼成一塊大的長方形。

3.將所需的材質裁成和切割下來的巧拼同樣大小，並將二者
　貼在一起。

4.在巧拼背面寫上可讓幼兒教具評估的記號。

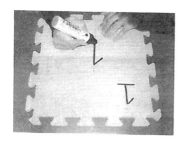

• 腳的觸覺教具：

　1.將所需的材質裁成和巧拼
　　一樣大小，並貼於巧拼
　　上。

　2.因為腳的部分要放在地上
　　玩，所以巧拼的背面要貼

上止滑墊，即完成腳的觸覺教具。

3.手腳教具花豆的部分，要用白膠黏貼於巧拼上，較為牢
　固。

【成品】

【收納／教具評估】

　　將手與腳之觸覺教具相同材質的放置於同一層，再依材質
不同，依序疊放入大紙箱中，即完成收納。

(三)相撲大力士

設計者：李秋琴（2004.12）

【前言】

　　讓幼兒於呼拉圈圍成的角力場中來回移動、擁擠、相撲，促進幼兒的移動運動技能。因此，此項教具設計目的在於：

　　1.促進幼兒大小肌肉發展，鍛鍊其基本動作能力。

　　2.發展幼兒運動興趣及能力，且能從遊戲中遵守遊戲規則。

　　3.發揮團隊精神。

　　4.培養幼兒的創意（可於互相討論後發明不同的玩法）。

【適合齡域】

　　三至五歲幼兒。

【製作材料】

　　各色書面紙數張、瓦楞珍珠板不同顏色各 1 張、魔鬼粘 1 包、棉布手套 2 雙、雙面膠、水彩、水彩筆、剪刀。

【製作過程】

• 頭套：

　　1.先在書面紙中畫上恐龍、獅子兩種圖案，剪下圖形並上色

再護貝。

2.將瓦楞珍珠板裁成長約 80cm、寬約 20cm 的長條兩條，把做好的圖卡用雙面膠貼在長條的中間，後面接縫處用魔鬼粘黏合即可。

• 手套：

　　將調好的 5 種顏色水彩分別刷在 5 個棉布手套的手指上，並且晾乾，於每一雙手套的手背上貼上與頭套相同的圖案（獅子和恐龍）即可。

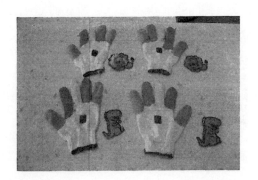

• 呼拉圈：

　　選取可以容納兩位幼兒以上的大呼拉圈，放置在地板上，成為相撲場。幼兒戴上頭套、手套，在呼拉圈內角力、來回。

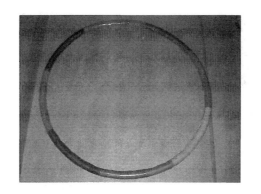

【成品】

拼圖恐龍

拼圖師子

【收納／教具評估】

- 收納：將頭套、手套與大件衣服收入盒中，而水管和呼拉圈因體積較大可另外收放。

- 教具評估：本活動亦可延伸爲操作運動，亦即用泡棉切割爲恐龍與獅子拼圖，一樣分恐龍組與獅子組，讓幼兒戴上各自手套（增加拼排困難度），拼組自己的動物，比賽看誰快。

(四)動物書

設計者：曾美穎（2003.06）

【前言】

「手」乃幼兒探索環境最常用、也最靈活的器官，透過手的直接觸覺，幼兒了解外界的事物，並且連結大腦的活動，成為感知覺與經驗。本教具兼具觸覺以及美觀，一來可以提供幼兒手觸覺的感覺發展，也可以撫慰幼兒的情緒，是幼兒可以珍藏的好書。

【適合齡域】

一歲以上幼兒。

【製作材料】

不織布、紙板、各類不同觸覺的材料（例如：沙子、小石頭、茶葉、鈕釦、菜瓜布、羽毛、棉花……）、白膠、剪刀。

【製作過程】

　　將各種材料黏成可愛動物的形狀（引起孩子注意力），先將其黏在紙板上，再黏至不織布上，要注意黏牢。

【成品】

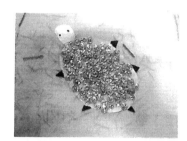

【收納／教具評估】

- 收納：教具本身作成「書」的樣子，可與其他書籍一起歸放。
- 教具評估：觸覺書做成活頁裝訂，視幼兒的興趣、發展，可以隨時增減、更新。

(五)手腳並用

設計者：謝佳玲（2003.06）

【前言】

　　二歲以上的孩童已漸漸能對物體的性質作出分類，故可慢慢增進其對物體特性的敏感度。尤其此時期孩童的手腳運動已穩健許多，透過運用手腳的活動，除了訓練觸覺，亦能增加其手腳協調認知的能力。

【適合齡域】

　　二歲以上。

【製作材料】

　　各式粗細不同的紙張、魔鬼粘、紙盒子（2至4個）、廣告顏料、紙黏土、大塊布、剪刀、調色盤、水彩筆、水袋、紙黏土用具、白膠或膠水、雙面膠或泡棉膠、長尺、小刀、鉛筆、

膠帶。

【製作過程】

• 紙張的製作：

　1.在不同的紙張上畫上左右手、腳掌的形狀。

 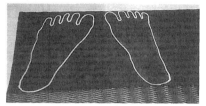

　2.將其剪下並在背面黏上魔鬼粘。

　3.再將其分別擺放在止滑墊上，讓幼兒手腳一起爬行，感受
　　手腳紙卡不同的觸感。

• 盒子的製作：

　　1.用黏土製作左右手腳形狀。

　　2.將風乾的黏土用泡棉膠或白膠黏在紙盒內，以便幼兒自我
　　　校正、獨立收納。

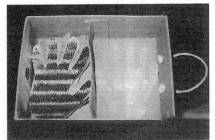

　　3.在盒蓋上貼上手腳紙形（利用魔鬼粘），並用文字標示清
　　　楚。

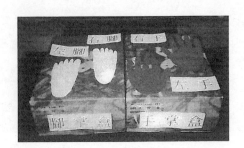

【成品】

【收納／教具評估】

- 收納：

    1.依形狀收納：可製作左右手腳四個形狀的盒子，幼兒玩完後可依形狀放回盒子裡。

    2.依標示收納：選擇大小相符的紙盒，在上面黏貼左右手腳的紙形，請幼兒依照圖示收納。

    3.收納盒內（上）可貼上文字卡，藉此讓幼兒學習認字。

- 教具評估：

    1.各式手腳紙張材質太輕，須加襯厚紙板，較不易損壞。

    2.放置所有紙形的大塊襯布太過花俏，影響幼兒的視覺焦點，應改用深色單色的襯布，使幼兒集中焦點於紙形上。

第六章

運動發展的教玩具

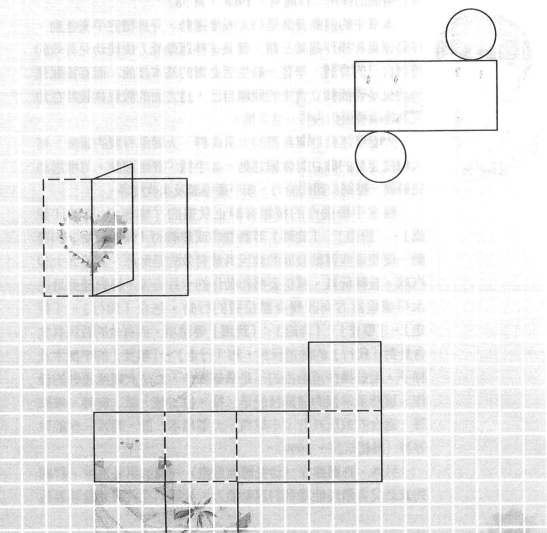

　　爲什麼現在的幼兒教育一再強調運動對幼兒諸項發展的重要？因爲身體運動能提高新陳代謝，達到發揮淨化作用的功能，同時，也有活化大腦的作用，更是與外界作用的重要工具。所以運動可以增進身體運動機能，以及認知、精神機能等的發展，而直接作用在成長與適應兩個因素上，發揮其對人類身心發展的作用（林鳳南，1988，頁58）。

　　本章中的運動發展是指大幅度運動，分爲穩定平衡運動、移動運動和操作運動三類。發展這些運動能力能使幼兒有效的控制自己的身體，學習一般生活必需的基本技能，而直接關係到幼兒是否能獨立自主的照顧自己，這方面的教玩具設計在幼兒的後續發展仍占有一席之地。

　　大幅度運動是與身體的大肌肉群、大關節有關的運動，而大幅度運動的確立對微細運動，如手指、腳趾運動，可增進幼兒發展、控制身體的能力，如平衡協調及柔軟度等。

　　穩定平衡動作的種類有靜止狀態的「彎曲」，以及「伸直」、「扭曲」、「旋轉」等動態的或靜態的「保持平衡」的運動。促使這些運動發展的教玩具最有效的是蹦床，其餘有大型汽球、旋轉玩具、模仿姿勢和動作的卡片等等。移動運動是在水平或垂直方向改變身體位置的行動，包含「爬行」、「行走」、「攀登」、「奔跑」、「跳躍」等諸項。而有效的教玩具包含針對「爬行」的隧道玩具，和「行走」、「攀登」的平衡木及梯子。至於操作運動指的不是微細操作，而是大幅度運動的操作。這時須掌握的運動技能是：推、拉、接、抓、旋轉、堆砌等。適合的教玩具有：小球類、大型積木、圈、繩索、保齡球等等（吳緒筑譯，1999）。

　　另外，許麗鳳在《幼兒體能遊戲》一書的第五篇中，詳細列表幼兒各階段能達到的運動能力，教師們在自製運動發展教

玩具時，可以依據參考。就這些原則相信能設計出有趣，及兼顧適合幼兒使用的教玩具。

第一節　平衡運動的教玩具

平衡運動大抵有兩個意義：靜態平衡與動態平衡。前者指的是個體在同一個位置上維持動作的平衡，後者則指在活動空間中，做移動性的動作，維持身體的平衡。本節「平衡娃娃」可以讓小朋友在原地或沿走線操弄平衡娃娃，兼具靜態與動態的平衡；而「兩人運輸」則是動態的平衡活動，可以讓幼兒練習移動的平衡。

(一)平衡娃娃

設計者：戴麗娟（2003.06）

【前言】

根據 Piaget 之理論：三至六歲之幼兒的觸覺、味覺、嗅覺已經充分完成，但還能取決於大腦中樞神經系統的發展。因此，幼兒的感官知覺發展或協調何時完全成熟，各別差異很大。

大肌肉的發展包括手腳的運用，如跑、跳、爬等活動。所以訓練幼兒肢體發展情形，可藉著安排活動及教具，讓幼兒從移動、探索、操作物體等活動中學習。

可藉此教具練習平衡及移動能力，增進生理發展與肌肉控制的協調能力。

【適合齡域】

　　三至六歲幼兒。

【製作材料】

　　娃娃圖案、雙腳針、厚紙板、彩色筆、竹筷子、毛線、剪刀、黏膠。

【製作過程】

　　1.先尋找適合本單元製作的可愛娃娃圖案。

　　2.著上顏色，並剪下來。

　　3.將剪下來的娃娃圖案黏貼在厚紙板上，然後再裁剪下來（把頭、手、腳、身體分開）。

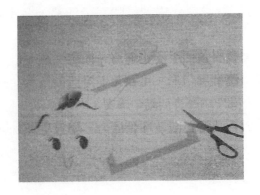

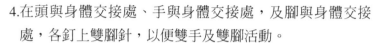

4.在頭與身體交接處、手與身體交接處，及腳與身體交接
　處，各釘上雙腳針，以便雙手及雙腳活動。

5.在雙手及雙腳處選擇適合做活動的地方穿洞，並以毛線貫
　穿，再綁上竹筷子以方便立體活動，做動作變化。

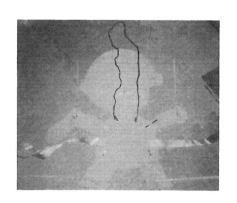

6.於頭部耳朵處，以同步驟 5 方式穿線，以便使用教具時方
　便固定作業。

7.完成作品。

【成品】

【收納／教具評估】

• 收納：製作前即考慮到攜帶、收納的問題，所以成品可拆下收納，或使用普通的袋子裝起來，不用時可方便收藏。

• 教具評估：

    1.教具材質稍嫌硬度不夠。

    2.評估後加毛線固定教具。

    3.爲求其動作伸展的靈活度，勿將雙腳針壓太緊。

(二)兩人運輸

設計者：李秋琴（2004.12）

【前言】

    此項教具設計目的在於：

    1.增進幼兒合作的精神及相互間的信任。

    2.培養公平競爭的品德。

    3.增進幼兒維持身體移動性平衡的能力。

【適合齡域】

    三至五歲幼兒。

【製作材料】

    鬆緊帶 2 條、魔鬼粘 1包、報紙數張、水管一條、大木板一塊、小石頭數個、大正方形泡棉積木 8 個、紙卡數張、護貝膠膜數張、雙面膠、

護貝機、蠟筆、剪刀、寬膠帶。

【製作過程】

1.束腳帶：將兩條約 45cm 的鬆緊帶兩頭處縫合成圓形。

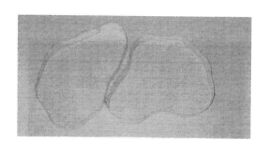

2.積木拼圖：將 4 個正方形泡棉積木放在一起，量出所需的長寬，再將紙卡裁成同 4 塊積木的大小一樣，畫上圖案上色之後裁成相同的 4 個正方形，護貝，再將圖案黏在積木上，共 6 面，如此需做兩組。

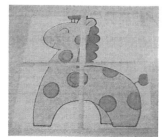

3.在地板上劃出走線，幼兒兩人一組，分為「小叮噹」與
「小木馬」兩組。幼兒腳上綁上「束腳帶」，沿著走線，一
次搬運一個積木，來回直到拼組好圖案，先完成者獲勝。

【成品】

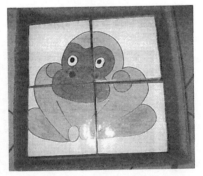

【收納／教具評估】

　　兩組泡棉拼圖的其中一組（4塊）每面的右上角都貼上小紅
點貼紙，以利收納與分類。

第二節　移動運動的教玩具

幼兒一般動作能力是幼兒發展的基礎，前一節平衡是這類能力的最基本，幼兒必須站立（靜態平衡）及移動（動態平衡）維持身體的平衡以便達成移動性（locomotor）。所謂的移動性指的是幼兒運用穿越於空間的技能，而學齡前是最適合學習移動性動作的階段，以下是訓練這類技能的運動之一。

(一)過山洞 vs.蔬果對對碰

設計者：林矜雯、高婉純（2004.06）

【前言】

設計目的：可使幼兒爬行移動，發展移動運動技能。

使用方法：將蔬果攤與山洞布置好，於蔬果攤不織布上各放一張蔬果卡，要幼兒爬行過山洞後去盒中尋找配對。

【適合齡域】

三至五歲幼兒。

【製作材料】

1.山洞：粗鐵絲 2 至 3 包、舊報紙一大疊、塑膠布三尺長、

大透明膠帶 2 個、皺紋紙或顏色膠布一捆。

2.蔬果攤：紙盒兩個、蔬果卡、小盒子兩個（裝蔬果卡）、不織布、雙面膠、珍珠版一小塊、包裝紙、標明水果攤的字卡、剪刀。

【製作過程】

1.山洞：首先將粗鐵絲對折，使長約 80 至 120 公分，剪斷，用大量的報紙包裹在外面，再用透明膠帶包綑，用彩色的皺紋紙或膠布再外包以裝飾完成山洞的一條枝幹，大約製作 4-5 條，完成後將其用不沾地板的膠布固定於地上，並鋪上塑膠布。

2.蔬果攤：剪好一對一對的蔬果卡，在背面黏上魔鬼粘，用不織布與包裝紙貼在盒子上裝飾，剪一小塊珍珠版，置於盒蓋後，使盒蓋能撐起來。

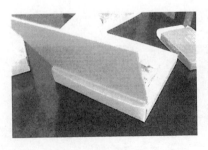

【成品】

【收納／教具評估】

　　收納如附圖，而蔬果則因顏色控制，可以自我校正。

　　延伸與應用：將塑膠布拿掉，加大山洞支架與支架間的距離，請小朋友利用滑板車繞著支架作 S 形前進，可分組來競賽，這樣又可以應用到另一類的活動。

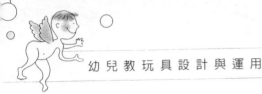

幼兒教玩具設計與運用

(二)走！去麥當勞

設計者：黃琦（2003.06）

【前言】

透過觀看移動性玩具的各種動作，和自己動手操作玩具，可促使其大幅度運動、事物空間移動為主的——事物空間性質知覺中的空間關係知覺、位置知覺、空間連續性等知覺的發展。

在愉快的氣氛中，按照大人的指示，並與幼兒們一同遊戲，可以活躍其語言，促使幼兒思考能力和社會性發展（吳緒筑譯，1999）。

【適合齡域】

約一歲半至二歲半幼幼班。

【製作材料】

堅固紙箱 1 個、壁報紙 3 至 5 張、繩子 1 條、膠帶、雙面膠、金色膠帶、竹筷子 2 雙、吸鐵 2 個、麥克筆、水彩筆、水彩、尺、鉛筆。

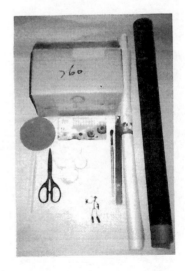

【製作過程】

1. 首先依紙箱大小剪出適當的輪子尺寸，用竹筷子在紙箱上鑽出四個輪子的孔，將紙箱包裝起來（留下底部不包），把輪子套入竹筷插入紙箱孔內，將竹筷以膠帶固定，紙箱的一端鑽孔穿入繩子，裝飾車子外觀即完成。

(1)畫輪子

(2)剪下輪子

(3)包裝車子

(4)鑽輪子孔

(5)固定輪子與車身

(5)裝飾車身

2.製作一張路線圖布置在地板上，繪製幾張動物圖卡作為車
　站。

【成品】

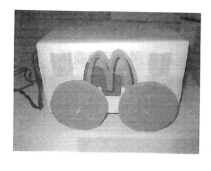 

【收納／教具評估】

• 收納：遊戲結束後將地板海報撕起疊好，連同車子一起放置。

• 教具評估：測試幼兒對動物的認知能力，路線的方向走得正確嗎？必須花費的次數及時間，車站的指令多寡可視情形增加，路線也能趨於複雜，目標是每次指示的車站都能走對。

(三)小腳丫來投球

設計者：劉心玉、張好婷（2002.06）

【前言】

　　關於嬰兒期與幼兒期之動作研究，多重視幼兒的爬、坐、立、行及手之抓握等基本動作發展，在投擲活動的過程中，培養與其他人合作，參與團體，尊重別人的態度和感覺；雙腳跳躍是幼兒良好協調動作的一種，可配合教師或父母口令進行，也因而培養幼兒聽覺和移動動作互相協調一致的能力。

【適合齡域】

四至六歲幼兒。

【製作材料】

素面布 1 塊、報紙數張、各色毛線數捆、保麗龍棒 1 支、塑膠棒 1 支、塑膠環 1 個、彩色泡棉數張、兩色巧拼軟地墊 12 片、剪刀、彩帶、針線盒。

【製作過程】

• 小腳丫踏板的製作：

　　1.預先繪製好左右腳腳印紙片，剪下後，分別於彩色泡棉上依樣畫上腳印與腳趾。

　　2.將繪製好的腳印與腳趾自泡棉上剪下，並於事先鋪設好的

巧拼上，依單腳、雙腳順序交叉排好。

3.確定腳ㄚ步伐順序後，利用雙面膠將腳ㄚ印黏貼固定於兩
　兩並排的巧拼上即可。

• 接球袋的製作：

　1.取一長條形布面（長約 45 公分，寬約 20 公分），將一邊
　　圍繞著圓形布面的圓周，並將之縫合。

　2.將長形布面未縫合的一邊向下折約 2 公分，並利用與布面
　　顏色相近的縫線，將下折的部分與圓布面縫合，使之成袋
　　口狀，以利塑膠棒穿過。

　3.袋口邊縫製完成後，將布面內層向外翻出，並將塑膠棒穿
　　過袋口後拉緊，使袋口呈現與底部相似之圓形，再利用縫
　　線將之固定。

　4.袋口形狀固定後，將塑膠棒多餘的部分插入保麗龍棒中固
　　定，並用彩帶在保麗龍棒外面纏繞裝飾。

　5.最後再裝飾袋面即可。

• 毛線球的製作：

　1.取報紙一張，先撕成條狀後，再揉合成圓球狀，並以少量
　　膠帶固定。

　2.將紙球以各色毛線纏繞，至表面完全覆蓋。

　3.先製作一個深色的練習球，再分別製作其他六個（三種顏
　　色，每色兩個）毛線球。

【成品】

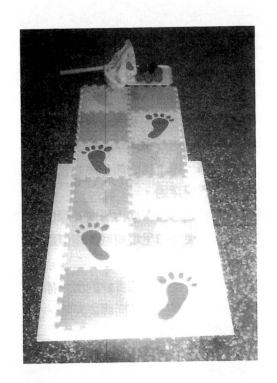

【收納／教具評估】

- 收納：另行準備較大的托盤或收納箱，將教具妥善保存，以培養幼兒物歸原位、善用資源的良好習慣，並避免教具內容物遺失或損毀。
- 教具評估：

　　1.接球袋可利用現成網狀袋或紙盒、紙箱……等材料代替，不必多花費時間或金錢製作。

　　2.應多利用巧拼地墊的可拆卸性，準備大小適中的收納盤或收納箱將整套教具妥善保存，以免教具內容物遺失或損毀。

• 延伸活動：遊戲與數字發展教具（例如：七手八腳按數字遊戲）。

第三節　操作運動的教玩具

操作性運動的教具旨在幫助幼兒發展操作性技能，藉由握持、控制、收放各種不同的物體，發展出手眼協調以及培養對物體移動的知覺與控制，也有助於幼兒對大小、色彩、質感與空間概念的形成。以下是操作性運動教具的舉例。

(一)骰子遊戲

設計者：林恩亘（2004.06）

【前言】

操作運動是指在視覺的配合下，手臂、手腕、手指在空間做適當的移動與適當的操作立體材料的能力，按照一定的步驟、程序所進行的活動。

這個教具所設計的是以數學概念——數數 1 至 6 為基礎，以兩組競賽的方式進行，幼兒兩兩一組，輪流擲骰子，再至巧拼區將所擲得點數的六塊相同巧拼，組合成另一個新的骰子，將之抱回起跑線審核，先拼出六個骰子（將所有巧拼拼完）的小組就算勝利，舉例來說：幼兒擲到骰子點數二，則須跑至巧拼區，從中找出六個二點的巧拼，並利用這六塊巧拼拼出一個新的骰子，再將這個骰子抱回起跑線。

利用這個骰子遊戲，增進幼兒對數學概念的理解與學習能力，以及體積的認知（立方體），並藉由丟擲骰子、操作巧拼，訓練其操作性技能的發展。

【適合齡域】

三至六歲幼兒。

【製作材料】

巧拼地墊 2 箱各 36 塊、三種顏色壁報紙各半開（做提示的海報）、單色壁報紙全開 2 張（割圓用）、透明膠膜、雙面膠、魔鬼粘數個、數字 1 至 6 字卡及骰子 1 至 6 點的形狀圖卡各 2 份以上（2 份為收納用，其他可作為布置收納盒用）、骰子 1 個（愈大愈好）、紙箱及細線 2 條（收納用）、剪刀、割圓器。

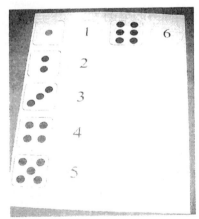

骰子及數字圖卡

骰子外框

充氣骰子

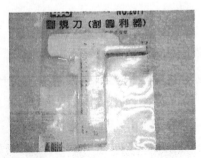

割圓器

【製作過程】

• 巧拼骰子：

　　1.準備兩箱巧拼（不同色），各 36 塊。

　　2.在兩張全開的壁報紙上，以割圓器畫圓，割出 252 個直徑
　　　3 公分的圓（一箱巧拼須割 126 個圓）。

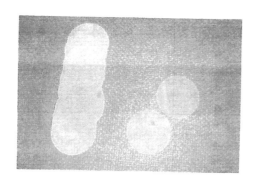

　　3.先拿出一箱巧拼，將圓形壁報紙用雙面膠貼在巧拼正面，
　　　分別由一點至六點各六個，以骰子的格式貼於巧拼正面，
　　　再用相同步驟製作另一箱巧拼。

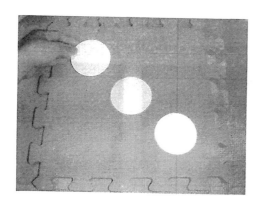

- 提示海報──骰子：
    1. 準備三種不同顏色的半開壁報紙。
    2. 在其中一張紙上，以割圓器割出 21 個直徑 2.5 公分的圓形。
    3. 取另一張壁報紙，剪出 6 個相同大小的正方形。
    4. 依照骰子的點數，將圓形貼於正方形上。
    5. 將已完成的骰子點數圖，貼於另一張半開壁報紙上。

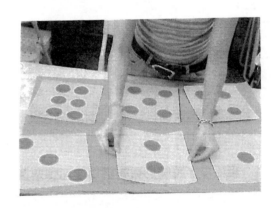

    6. 貼上數字，並以塑膠膜護貝便完成。

【成品】

巧拼貼上圓圈後

組合成的一點骰子

護貝完成的提示海報

外觀圖一

外觀圖二

【收納／教具評估】

- 收納：

　1.利用裝巧拼的箱子加以美化。

　2.將數字及骰子圖卡剪下，依一點至六點排序，並護貝之。

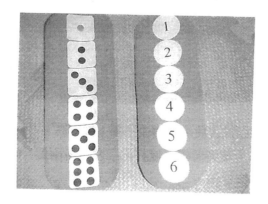

3.於箱子側翼貼上標示擺放順序的骰子圖卡及數字圖卡。

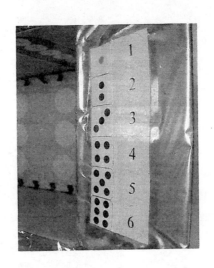

4.於箱子內部貼上骰子圖卡及數字圖卡，依一點至六點向下
排列。

5.將海報以筒式收納，兩側先綁上橡皮筋。

6.在紙箱上量好海報長度打洞（左右各兩個），將繩子由內
側往外側穿出。

7.綁上海報即可。

8.將骰子的某一點數兩側貼上魔鬼粘。

9.將骰消氣,方便收納。

10.於收納箱上貼上另外兩個魔鬼粘。

11.將置於收納處的骰子兩側各黏上美工膠帶即可。

• 教具評估:

　　在巧拼骰子的點數設計上,剛開始是用魔鬼粘的方式,讓孩子自行去操作點數的貼與撕,但發現這方法並不是很好,每個巧拼都要貼上六個魔鬼粘,既不經濟,也不方便,最後改成

將圓圈直接貼於巧拼上，再讓幼兒去巧拼中找尋自己所擲到的數字，將操作的部分改在巧拼的結合上，這樣一來，既實際方便，也符合操作運動的定義。

此外，提示海報也幫助幼兒自我訂正，如果拼不出來，可以對照海報將骰子拼出。

• 延伸活動：

1.數列排序。

2.遊戲方法的設計可漸次由易而難、由淺而深，依幼兒年齡與程度發展出不同的遊戲，如：(1)將活動改為依 1 點至 6 點排成一個骰子。(2)將活動改為依不同的點數組合成一個骰子，例如以一個 1 、兩個 2 、三個 3 組成一個骰子。

3.骰子可做比大小的遊戲。

4.骰子部分可置於益智角。

5.亦可將巧拼背面加以利用，製作出另外的道具。

(二)火山爆發

設計者：大智托兒所（2001.06）

【前言】

此教具的設計目的：

1.可讓幼兒於親手操作物體發展出手眼協調與認知發展。

2.在學習過程中幼兒獲得人與自然界中存在的關係。

3.培養幼兒的科學興趣、態度及方法。

【適用齡域】

三至五歲幼兒。

【製作材料】

　　任一色油土 1 塊、白醋、洗碗精、報紙 1 張、底片空盒 1
個、托盤 1 個、小蘇打粉、食用紅色素、沙拉油、海綿一小塊
（可數個）、量杯 1 個。

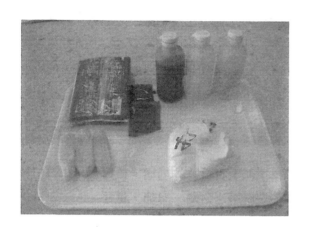

【製作過程】

1. 把托盤當成火山底，再將報紙揉成一團，利用油土將報紙
   一層一層包住且黏在托盤上，再將底片空盒放在火山模型
   頂端，利用油土將底片盒包住成火山口，再慢慢修飾火山
   的造型即可。

2.將每個實驗物的容器貼上品名。

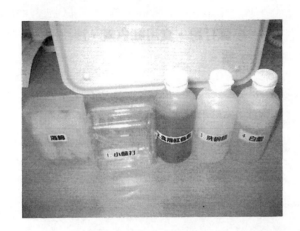

3.在托盤上貼上實驗物的名稱，依序為：小蘇打粉、食用紅
　色素、洗碗精、白醋、海綿、量杯。

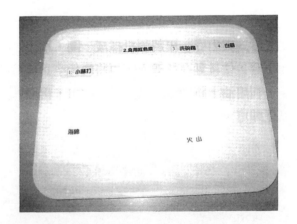

• 實驗過程：

　　依序倒入小蘇打粉、食用紅色素→洗碗精→白醋各 5cc 即
可看見如岩漿的液體從洞口冒出。

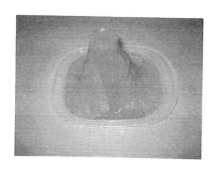

　　實驗結束後，可使用海綿將如岩漿的液體及量杯等物擦拭乾淨。

【收納／教具評估】

- 收納：將實驗物一一配對（按標示數字或國字）放入托盤，並準備一個適宜的盒子將所有物收納於盒中。
- 教具評估：火山造型的油土最好不要用紅色的較能看清楚火山爆發的景象。

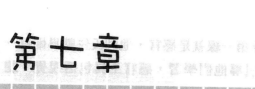

第七章
視聽覺的教玩具

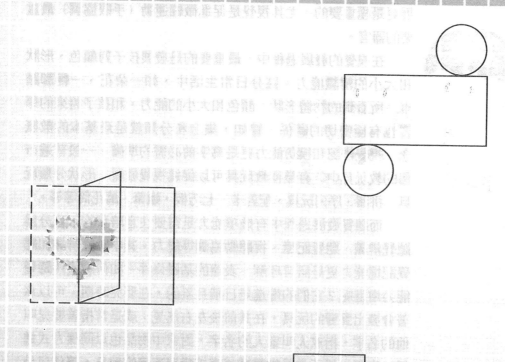

　　幼兒認識外在世界第一線就是感官，他們天生就具備有一組自然的感官工具來引導他們學習，感官工具包括視覺、聽覺、味覺、嗅覺和觸覺，這些工具能使他探索和發覺他所屬的世界。而感官經驗中，更以視覺和聽覺為最根本。以幼兒整體的發展來看，視、聽覺的發展對文字、語言等較高級機能的發展更是極重要的。尤其視覺是促進微細運動（手眼協調）最重要的器官。

　　在視覺的發展過程中，最重要的是發展孩子對顏色、形狀和大小的辨識能力。區分日常生活中，如一朵花、一輛腳踏車，所看到的物體形狀、顏色和大小的能力，和孩子將來的學習也有極密切的關係，譬如，集合和分類就是最基本的數概念，視覺辨認和模仿能力更是寫字前必需的準備。一般普遍市售的教玩具中，有幾種教玩具可以促進視覺發展：形狀分類玩具、拼圖、序列玩具、配對卡、七巧板、蠟筆、萬花筒等等。

　　而聽覺發展過程中有幾項能力是需要注意培養的，可分為聽覺辨識、聽覺記憶、視聽動協調等能力，其中聽覺辨識和聽覺記憶能力更是語言理解、表達的基礎條件。如何讓這些聽覺能力增進呢？它們的增進是日積月累的，在嬰兒時期，可以拿著會發出聲響的玩具，在其前後左右搖晃；或是常指著嬰兒叫他的名字，指家人叫家人的名字，對家中物品也以同樣方式進行；也可以錄下常見的聲響或直接購買市售的教具，讓幼兒分辨常聽的聲音，都是增進其聽覺辨識能力的好方法。至於聽覺記憶能力，可由一個指令增加至三、四個指令，讓孩子做動作，例如，由「到爸爸那裡」增至「到爸爸那裡拿帽子戴上」。另外，配合玩具進行也可增加其趣味性。

　　教師們也可透過自己設計的教玩具，針對個別需求，對幼兒不同的視聽覺能力做出適合的調整。

第一節　視覺教玩具

　　嬰幼兒時期是以感覺（包括視、聽、嗅、味、觸、痛覺）來認識周遭的環境，故此期幼兒的學習著重外在刺激，以視覺而言，認識爸爸、媽媽的臉、家裡的擺設、玩具等。所以心理學家均認為多給予適當的視覺刺激有其必要性，例如給予鮮豔色彩的玩具、漂亮的圖卡等，亦即給予多看，才能增廣見聞，因為此期的認知活動建立於「即刻」的經驗上。隨著慢慢成長，在前操作期的幼兒（兩歲至七歲）其符號功能隨之發展，對於觸目所及的事物常用直覺來判斷，提供視覺的教玩具操作正可以引導此期幼兒對於當前事物與舊經驗之連結。

(一)影子遊戲

設計者：薛婷（2003.06）

【前言】

　　感官發展協助幼兒探索環境中的人和物，其中「視覺的發展」幫助幼兒在面對物體時能察覺並分辨出顏色及形狀。

　　因此，此次設計的主要目的是為培養幼兒的觀察力及視覺辨識的能力。以幼兒熟悉的動物圖樣引起並激發幼兒的注意及學習，期在遊戲過程中教導幼兒認識動物、辨認顏色、形狀等，以達多元化的學習。

【適合齡域】

　　一歲以上幼兒。

【製作材料】

八開厚紙板、黑色西卡紙（有背膠、約 30 公分）、動物圖
案底稿、黑色魔鬼粘、剪刀、彩色筆。

【製作過程】

1.將動物底稿上色。

2.沿著動物形狀剪下。

3.將上色的動物卡護貝。

4.將影子黏貼在厚紙板上。

 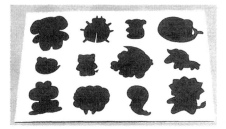

5.將魔鬼粘的母膠黏在影子上。

6.將魔鬼粘的另一部分黏在動物卡背面。

【成品】

【收納／教具評估】

• 收納：此項設計中「魔鬼粘」的運用即是考量收納的問題，
　將動物形狀黏在影子上即可。

• 教具評估：

　　1.將動物卡護貝後可提高卡片的使用率。

　　2.使用魔鬼粘也可以達到重複使用此教具的目的。

　　3.幼兒可藉著尋找影子來達到自我訂正。

(二)猜猜我是誰？

設計者：郭玫秀（2004.06）

【前言】

　　在視覺發展中，最重要的是發展幼兒對顏色、形狀和大小
的辨識能力。在日常生活中的任何實物都有它們基本的形狀。
幼兒透過仔細的觀察，可以發現各種形狀的特色和功能，或是
進一步組合兩種以上的形狀，製造新的圖形。區分物體形狀、
顏色和大小的能力，和幼兒之後的學習也有密切的關係，例
如：集合和分類就是最基本的數概念；視覺辨識和模仿能力更
是寫字前必須的準備。

【適合齡域】

　　三歲以上幼兒。

【製作材料】

　　動物圖片數張和其特徵
放大圖、大小合適的紙盒、
西卡紙、書面紙、剪刀、白
膠、魔鬼粘、透明膠帶、護

貝膠膜、中國結繩。

【製作過程】

1.將找到的動物圖片和其特徵放大圖剪下，並用護貝膠膜保護貝好，在圖卡背面黏上魔鬼粘母膠的部分。

2.將西卡紙黏接成一長條後，摺成如紙盒一樣大，並在同一面黏上魔鬼粘另一部分，做成操作板。

3.用西卡紙做圖片收納袋，並在收納袋的外面也貼上動物圖片和特徵放大圖片，以作為區分。

4.利用書面紙將紙盒包裝，一樣用膠膜護貝，並在盒蓋挖兩個洞，可讓繩子穿過打結。

【成品】

玩法：

1.將操作板攤開。　　　　　　　2.將動物特徵圖貼上去。

3.找出具有此特徵的動物，並將該動物對應貼上。也可以先
貼動物，再由幼兒找出該動物之特徵，對應貼上。

【收納／教具評估】

　　將操作板折疊好先放入紙盒中；將圖片置入收納袋，放置
盒中；再用中國結繩綁好，即完成收納。西卡紙與書面紙最好
使用同樣顏色，教具整體較有一致性。

第二節　聽覺教玩具

　　聽覺是幼兒生活中極有價值的一部分，因為，它扮演著溝通的角色。聽覺使幼兒能接受聲音的溝通，使他生存、成長並得到教育。聽覺通常在幼兒懂得語言和會說話之前，就已經存在了，因此對那些生理健全的幼兒來說，聽覺是絕對重要的（金培文，1986，頁11）。

　　聽覺可以豐富並提高傾聽能力，早年聽覺經驗的豐富與否，也會影響傾聽能力的提升。聲音的刺激愈豐富，聽覺的發展也愈完整，這對幼兒大腦和身心健康的發展頗有助益（陳文德，1997，頁37-39）。

(一)聽！糖果在說什麼？

設計者：曾方瀅、胡育嘉（2002.06）

【前言】

　　感官教具的範圍包括：視、聽、嗅、觸、味、壓、辨認實體等各方面的感官訓練，將「聲音」等抽象的感覺帶入具體實物，用以啟發孩子認知的敏銳性，形成幼兒「自發性」的發展，也就是進一步讓幼兒會觀察和思考。因此，我們藉由此教具教導幼兒辨別不同物品所產生的不同聲音（單偉儒，2000，頁111）。

【適合齡域】

二至六歲幼兒。

【製作材料】

寶特瓶 5 個、銀緞帶
數條、不織布（紅、藍、
綠各一張）、鈴鐺 5 個、
錢幣 5 個、報紙團 5 個、
筷子 5 支（截小段）、迴紋針 5 個、八開圖畫紙 3 張、底片盒 5
個、牛皮紙、膠帶、針線、剪刀、彩色筆、照相機（裝底片）。

【製作過程】

• 糖果的製作：

1.先將紅色及藍色不織布的長度裁成約寶特瓶的一半寬度
（約 15 公分），寬度則以包住寶特瓶為主。

2.再將另一塊綠色不織布裁成約 2 公分長，取紅色不織布縫
在綠色不織布下面，同樣將藍色不織布縫在綠色不織布的
另一側（綠色不織布成為中心線）。

3.待三種顏色的不織布接縫成一塊大布時，將之圈圍成筒狀
縫起來（直徑約跟寶特瓶同寬），然後將寶特瓶套入布筒
中。

4.這時，利用照相機拍攝物品的實體（鈴鐺、錢幣、報紙
團、迴紋針、筷子），拍好的照片剪成同寶特瓶蓋的大
小，以便幼兒訂正。

5.打開瓶蓋，將事先準備好的材料（鈴鐺、錢幣、報紙團、
迴紋針、筷子）放入寶特瓶裡，再用樹酯黏在瓶蓋周圍，
使之密封，以防幼兒隨意拿取。

6.最後用銀色緞帶將寶特瓶兩側多餘的布綁起來，打蝴蝶結，做成糖果的形狀，即完成此教具。

• 小盒子：

利用現成的底片盒放入鈴鐺、錢幣、報紙團、迴紋針、筷子等五種材料。

• 可愛動物圖片：

1.先將圖畫紙對折裁開，再用彩色筆繪出可愛動物圖案（例如：狗、貓、鴨、雞、牛、羊）。

2.將動物圖片護貝，以延長使用期限。

【成品】

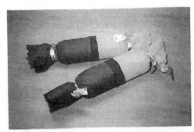

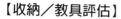

【收納／教具評估】

• 收納：將糖果及小盒子整齊的放在托盤中，取用較方便，且裡面的材料較不易被幼兒輕易拿取，符合安全性。

• 教具評估：

　1.糖果外表的不織布不需要用到那麼多色，而且花費過多縫製時間，可以用長襪取代，經濟又實惠。

　2.小盒子裡所置放的材料因為沒有密封，可能會被小朋友任意拿取或吞入口中，因此我們將（底片）小盒子的外表加層牛皮紙密封起來，再在小盒子的下方貼上物品的照片，以便幼兒配對及訂正。

(二)鏗哩框瑯大富翁

設計者：黃盈儒（2004.06）

【前言】

　　為了讓幼兒快樂的學習接觸音樂，音樂教具可放置於教室中，讓幼兒可以隨個別興趣自由選擇並加以傾聽。另外，提供師生共同製作教具的機會，讓幼兒體會親自操作的樂趣，也是培養幼兒對音樂傾聽的興趣。

　　以下就是針對製作音樂聽覺教具遊戲盒的設計，希望藉由音樂聽覺教具遊戲盒的製作，達到引發幼兒對於探索聲音的興趣，並藉由遊戲中學習的效果，進而啟發幼兒對於聽覺的敏銳度。

【適合齡域】

　　三至六歲幼兒。

【製作材料】

形狀相同的容器 6 至 8 個、鈴鐺 3 個、香香豆 1 罐、彈珠 3
顆、紙板 3 小片、水少許、沙少許（或以小顆保麗龍球 1 包代
替）、鈕釦數顆、迴紋針 8 支、收納盒 1 個、裝飾收納盒的各色
不織布數塊、裝飾收納盒的皺紋紙 1 張、瓦楞紙 1 張、遊戲規
則表 1 張、實物教具評估表 1 張（剪貼在容器背後）、遊戲表 1
張、塑膠密封袋 6 至 8 個、白紙數張、膠膜 1 卷、棉花少許、
描圖紙 1 張、白膠、剪刀、針線包、彩色筆。

【製作過程】

1.裁剪皺紋紙，包裝收納盒。

2.在空白紙上畫出裝飾圖案，例如小花、綠葉、動物等，再
　將模型圖一一剪下。選擇喜歡的不織布，將模形附在上
　面，沿著模型邊緣一一剪下，再以白膠拼貼裝飾收納盒。

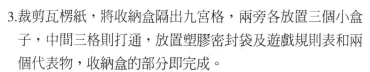

3.裁剪瓦楞紙，將收納盒隔出九宮格，兩旁各放置三個小盒子，中間三格則打通，放置塑膠密封袋及遊戲規則表和兩個代表物，收納盒的部分即完成。

4.接著將準備好的實物，例如沙子、鈴鐺、迴紋針等等，裝入已準備好的盒子或瓶罐內。如果是選擇六種實物裝入六個盒子內，則取相同數目的塑膠密封袋，在袋內裝入與剛剛裝入盒子相同的六種實物。

5.製作附有注音符號的實物字卡兩張（一張用於盒子，一張用於塑膠密封袋）、遊戲表所需的字詞一張及遊戲規則表一張。

6.將字卡護貝裁切，遊戲規則表則不需護貝。

7.將護貝好的字卡一份以細膠帶貼在盒子背面，讓幼兒能自我校正；另一份則貼在塑膠密封袋上。

8.接著設計遊戲表，正方形較方便使用，故將描圖紙裁剪成正方形，再對折三次，模擬市面上的大富翁遊戲圖，以彩色筆畫出格線，將已護貝的字卡用雙面膠貼在適當的表格內。最後，用不織布剪成可愛的小圖案，用白膠貼在遊戲表上裝飾。

9.使用描圖紙製作完成的遊戲表，只要對折兩次直接平放在九宮格上面即可。

10.將多餘的不織布剪裁成自己喜歡的代表物兩個，再塞入少許棉花縫合。

11.「鏗哩框瑯大富翁」完成。

【成品】

【收納／教具評估】

• 收納：

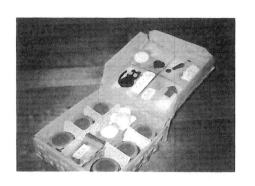

• 教具評估：

1. 實物的選取，為了能讓幼兒清楚的辨識各個不同的撞擊聲，需要先做材質相似度的初步篩選，再將篩選後的實物放入盒子或瓶罐中搖搖看，是否會有讓幼兒混淆的相似音質，如果有的話則淘汰重選。

2. 遊戲表的材質，必須考慮方便收納的原則。此外，也要考慮物品的實用性。

3. 一起動手做是拉近師、生與教學三者很不錯的方法，可以依年齡層的不同，漸進式的增加挑戰性，例如年紀最小的，由老師輔導玩辨音筒的遊戲，幼兒僅須辨認出相同的

音配對即可，再由老師輔導幼兒進一步認識物品。年紀稍大的幼兒，可以自我操作辨音的遊戲，然後在聽覺筒加上物品名，讓幼兒可以自我校正。年紀再更大的幼兒，可以加入其他的概念，例如辭彙、形狀、顏色的配對、邏輯等，使辨別聲音的遊戲更加豐富多元。如此幼兒可以從舊經驗中逐漸建立新經驗。在此過程中，幼兒不但容易建立成就感和自信心，相對的，對於音樂的探索也會比較容易提高興趣。

第八章

手眼協調的教玩具

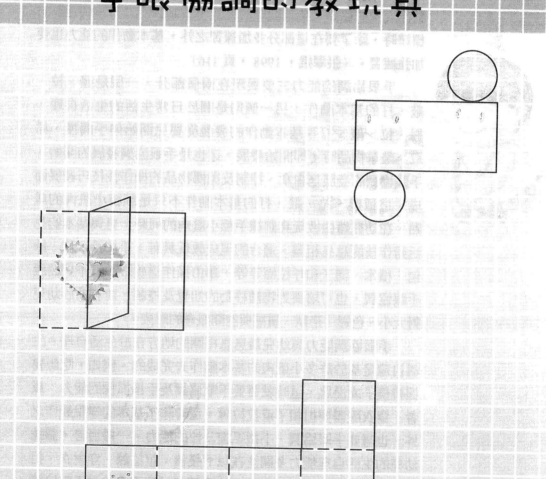

　　身體動作的發展原則上就是由上往下，由內往外，手眼協調就是屬於下與外的部分。如果基礎的身體動作、協調等能力未發展好，手眼協調就難有較佳的表現。因為手眼協調屬於精細動作，不只是細部的肌肉運動能力而已，還需要運用到視覺動作之間的協調，如果發現幼兒的手眼協調能力未達到適齡的標準時，除了要在這部分多加練習之外，基本動作的能力也要加強練習。（張翠娥，1998，頁116）

　　手眼協調的能力主要展現在兩個部分，一個是握、拉、敲、打的基本動作；另一個則是關於日常生活的生活自理。握、拉、敲、打等基本動作的發展從嬰兒開始伸手觸摸、抓取、敲擊物品時，即開始發展。這也是手眼協調發展的開始。手眼協調的發展是由拿、控制及拋擲物品的操作性技巧發展而成。這種握、拉、敲、打的基本動作不只是訓練小肌肉的成熟，在幼兒藉由教玩具訓練手部小肌肉的同時，更與基本的生活動作技能息息相關。適合的現成教玩具有：手搖鈴、球、沙包、積木、繩子和呼拉圈等等。藉由操作這些教玩具不只發展手眼協調，也可培養對物體移動的知覺及控制，並有助於幼兒對大小、色彩、形狀、質感與空間概念的形成。

　　手眼協調能力與幼兒最息息相關的地方在於生活自理。生活自理是基於許多小肌肉的基本動作去完成的。例如，吃飯要握持筷子或湯匙，這時就需要手眼協調及手指抓握的能力；或者，穿衣服需要扣釦子或拉拉鍊，這時除了基本的穿脫動作之外，也需要手眼協調、手指抓握及拉的能力。一般而言，訓練幼兒的生活自理能力多關注在以下幾種；拉拉鍊、穿脫衣、扣釦子、舀、挾、捏、倒等。由此我們可以篩選一些在手眼協調方面對幼兒有幫助的教玩具，適合的現成教玩具有：洞洞板、穿線遊戲、穿珠遊戲、工作檯、敲椿架等等。

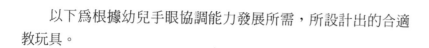

以下為根據幼兒手眼協調能力發展所需，所設計出的合適教玩具。

第一節　基本動作：握拉敲打教玩具

心理學家強調二、三歲的幼兒已具有行走、攀爬、推、拉等動作能力，這些動作有助於幼兒建立自信心，從而願意自己從事每一件事情。因此提供幼兒含有基本動作如握、拉、敲、打等的教玩具對於幼兒發展基本動作能力，甚至到能熟練的操作（手眼協調）有很大的幫助。

(一)萬能動動車

設計者：童玉娟（2003.06）

【前言】

Parten 將社會性遊戲分為六項，其中最後兩項為：聯合遊戲及合作遊戲，而三至六歲的幼兒正處於這兩個遊戲階段的發展，此階段也正是基本動作發展最重要的階段，所以，設計多功能的「萬能動動車」，以團體活動及競賽方式，引起幼兒的興趣與好奇，進而達到幼兒基本動作的發展與訓練。

本教具設計重點：

1. 根據幼兒基本動作發展所設計的教具，如握、推、拖、拉、抬、搬等的動作發展。
2. 培養幼兒手眼協調之能力。
3. 訓練幼兒大小肌肉之發展。
4. 培養幼兒基本動作之發展，及增進幼兒體能與身心的健全

發展。

【適合齡域】

三至六歲幼兒。

【製作材料】

紙箱、厚卡紙、粉彩紙、瓦楞紙、彩帶、布球、雙面膠、彩色膠帶、軟氣墊、剪刀、鑽子、筷子。

【製作過程】

1. 選擇適合孩子的紙箱，用粉彩紙包裝紙箱，增加美觀及吸引力。
2. 紙箱底部以厚紙板墊襯，增加支撐力，並於底部加上球的錯誤控制符號。
3. 用鑽子在箱底中間鑽兩個洞，再穿入長筷子做輪軸，以厚紙板剪成三個圓形，將之互黏成車輪，表面貼上黑色的粉彩紙，安裝至輪軸後就能動了。
4. 將兩片網狀粉紅色的愛心貼在箱子兩邊（車輪側邊），箱子另外兩邊則貼上紅色心形圖案，並在紅心上裝置紅色提帶作爲把手，紅心兩側貼上兩個小愛心作爲錯誤控制用。
5. 製作蓋子，將蓋子內外包裝後，貼上花朵圖案增加美觀。
6. 加上蓋子的手把，選擇紅心那一面裝上插旗子的孔，用以插旗子。
7. 用筷子製作旗子，搶旗比賽用。
8. 在插旗孔相同面的底部做一煞車檔，除了煞車外，可作爲插旗子的錯誤控制。
9. 購買市面上現成的布球，將布球收納至箱子裡，即成一體成型的萬能動動車。

【成品】

　　萬能動動車圖，蓋子上有一插旗子的孔，下方大愛心上有一手把，四個小愛心則為插旗孔的錯誤控制。

　　網狀愛心在車輪側，車子可提供推、拉的基本動作練習。

　　花型的蓋子加上手把，方便幼兒開關的動作練習。

布球與旗子成品。

整體萬能動動車。

【收納／教具評估】

　　活動結束後，將布球放入車內，蓋上蓋子，就收納完成。

(二)小手擠海綿

設計者：賴以平、陳芝綺（2002.06）

【前言】

倒、舀、擠、擰等都是幼兒的基本動作，也都是手眼協調等精細動的基礎，本教具之設計目的即在於藉幼兒最愛的玩水遊戲，熟練擠、擰、擦、捧等的基本動作。

【適合齡域】

一至三歲幼兒。

【製作材料】

不同的海綿數個、有刻度的空容器 2 個、有刻度的盛水容器 1 個、 1000 毫升的水、抹布 1 條、托盤 1 個、剪刀、奇異筆。

【製作過程】

用剪刀將海綿剪出各種有趣可愛的形狀即可。

【成品】

操作示範：將海綿放入裝水的容器中，用手將吸飽水的海綿逐一移至另一空容器中擠乾。若水滴到外面，則用抹布擦乾。

【收納／教具評估】

操作完畢後，確實將海綿擠乾，將所有器材放置盤中收好。

第二節　生活自理

所謂的生活自理，就是幼兒從依賴成人的幫助，到學習認知獨立照顧自己的食、衣、住、行等過程。因此在設計生活自理的教具時，一方面要訓練幼兒肢體活動、刺激神經達到手眼協調的發展；另一方面則培養幼兒自理能力，獨立生活的自信及次序的觀念，以培養幼兒在日常生活中，學習如何生活以及處理自身生活的技能。

(一)綁鞋帶百寶箱

設計者：簡曉娟（2004.06）

【前言】

教具目的：藉由訓練幼兒綁鞋帶的生活技能，讓幼兒訓練

手部小肌肉，促進小肌肉的發展，近而促進眼與手的協調性；
更可訓練孩子對自己生活技能的照顧能力，也可以讓幼兒學會
照顧他人，促進幼兒智能的發展，並培養幼兒的獨立性、專注
力等。

【適合齡域】

四至六歲幼兒。

【製作材料】

五種顏色鞋帶各 3 條、木棒 1 包、圖形樣本 5 個、五種顏
色雲彩紙各 4 張、包裝紙 1 張、收納箱 1 個、厚紙板 5 張、剪
刀、膠水、黑色奇異筆、打洞器（大、中、小各一）。

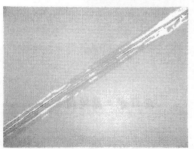

【製作過程】

1.先將先前準備好的圖形樣本繪於雲彩紙上並剪下，並用奇
　異筆畫線。

2.將圖形對折後，用打洞機在對折線邊打洞，並從對折線剪
　開即可。

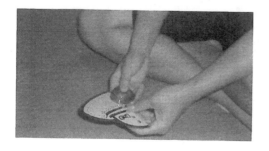

3.延長使用時間，須加以護貝。

4.拿出打有大洞的圖卡一對跟鞋帶，鞋帶依序從上而下穿過大洞，最後打蝴蝶結即可。

【成品】

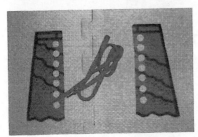 

【收納／教具評估】

1.先拿包裝紙包裝紙盒。

2.將木棒裁成20支3公分的木棒，一組4支共5組，作為

厚紙板的外圍柱子。

3.在厚紙板上貼上一張完整圖作爲對照圖，裁 10 支 2 公分的木棒，一組 4 支共 5 組，黏於對照圖的中線兩端。

4.將鞋帶固定於厚紙板的對照圖旁，並在對照圖旁貼上有小洞→中洞→大洞的標記，以利擺放順序。

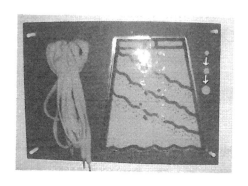

5.最後，在收納盒內側依序貼上五種圖卡的顏色，以利層次擺放順序。

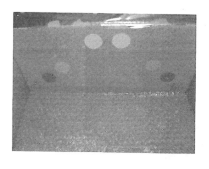

• 延伸活動：

　1.可以使用絲帶、繩子、尼龍繩或髮帶等等。

　2.幼兒熟練後，可以練習綁自己的鞋帶。

(二)我會扣鈕子

設計者：黃琦（2003.06）

【前言】

讓幼兒有實際操作扣鈕子的機會，促進其手眼協調，練習手指的靈活度，及眼睛的專注能力，以達到生活上實際的應用（張翠娥、吳文鶯，1997）乃本教具設計之目的。

【適合齡域】

三歲左右幼兒。

【製作材料】

布2至3塊（約30公分見方，或T恤一件，顏色不同）、鈕釦約10顆、收納盒1個、裝飾外盒用紙、針線、剪刀、尺、筆。

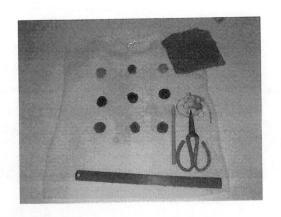

【製作過程】

1.先在布A上縫九顆釦子，成正方形配置。

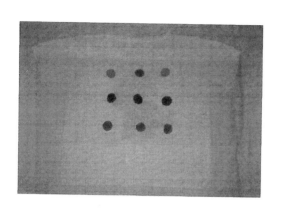

2. 依釦子的距離長度（直行、橫行、斜行、可覆蓋九顆釦子
　　的正方形布），剪下四塊布。

3. 剪出扣釦子的孔。

4. 設計兩欄收納盒，並包裝收納盒外觀。

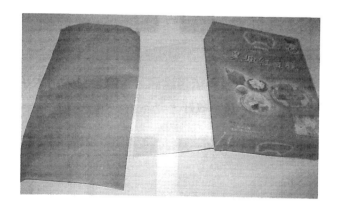

【成品】

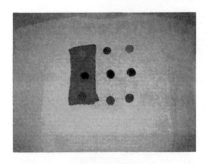 

【收納／教具評估】

　　使用完畢後，將布料依用途區分，讓幼兒分清大小布的欄位，衣服疊好，置於盒中收好。

(三)我會垃圾分類

設計者：張家華 廖心琳（2005.6）

【前言】

　　本教具設計之目的在於藉著類似跳棋的遊戲及顏色的分類，讓幼兒快樂學習如何辨別可燃垃圾或不可燃垃圾。另外，可讓幼兒藉由拿棋子或小玩偶的操作移動，練習小肌肉發展、手眼協調能力以及專注力。

【適合齡域】

　　三到六歲幼兒。

【製作材料】

　　防滑墊一張、襪子兩腳（不同顏色：紅、藍）、剪刀、膠水、膠帶、紙（三色：黑白、紅、藍，有兩種與襪子相同顏色）、兩個塑膠碗、晶晶膠帶（兩色以上）、玩偶（或可當成棋子的都可以）、托盤。

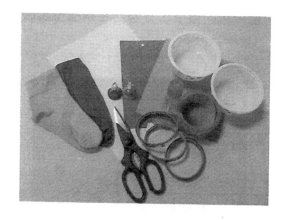

【製作過程】

- 翻牌：

    1. 先將兩種分類垃圾的圖準備好，貼（畫）在白色紙上剪成
       圓形，再貼在黑色底紙上。
    2. 在翻牌邊緣加上紅、藍顏色，以利分類。

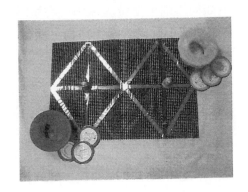

- 棋盤：

    在防滑墊上以晶晶膠帶貼上軌道

- 收納碗：

    將紅、藍兩色的襪子，分別套在兩個塑膠碗上，露出碗
    口。

【收納／教具評估】

- 收納：

　　1.將翻牌按顏色分類，放進收納碗裡。

　　2.把防滑墊對折，放在托盤最下面，再將收納碗及棋子擺放
　　　整齊。

- 教具評估：

　　1.棋子可依個人收藏小玩具代替。

　　2.可以隨著幼兒的年齡增加可燃與不可燃物的難度辨別。

第九章
社會行為發展的教玩具

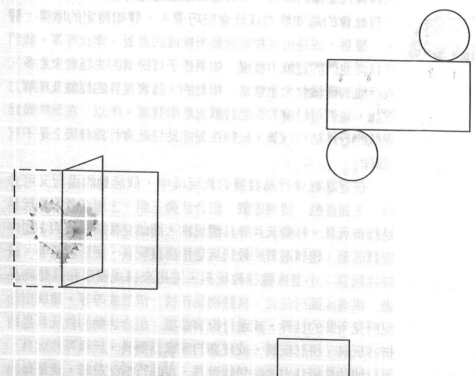

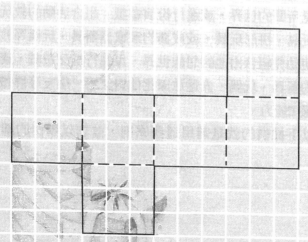

在幼兒的行為發展中，角色扮演的遊戲對他們有舉足輕重的地位，透過角色扮演，他們顯示了對他人的了解，或是角色間的分配、關係及適當角色行為的認同（何諾德，1987）。這種角色扮演遊戲可以顯現他們社會行為的發展程度，而在幼齡兒童這種角色扮演遊戲常藉助玩物來進行。例如學齡前兒童常以玩具替代想像的事物，並假想某種主題進行遊戲，他們會將自己對社會的認知能力或社會技巧帶入，譬如特定的職業：醫生、警察，或是由玩物或活動所構成的煮飯、穿衣等等。我們可以從他們的遊戲中發現，如果孩子可扮演的主題愈來愈多，表示他的經驗愈來愈豐富；相對的，真實世界的經驗及理解力增加，他們可扮演的假想遊戲也愈形豐富。所以，在玩物做為表徵的行為結束以前，玩物在促進幼兒社會行為發展上是不可或缺的。

在促進社會行為發展的教玩具中，依活動的進行又可分為：主題遊戲、建構遊戲、組合活動三類。主題遊戲的教玩具是指布玩具、移動玩具等具體玩物，而幼兒按該玩具的主題作遊戲活動；建構遊戲的教玩具是指拼畫玩具、拼形玩具等，或拼木玩具、小型嵌盤等教玩具，可用來構成圖形和具體物品畫，或構成圖形花紋、具體物品花紋、情景畫等等，建構出幼兒所見所聞的世界，或進行扮演遊戲；組合活動的教玩具是指拼木玩具、拼形玩具，或成套的家家酒器具、玩偶等教玩具，可以使幼兒組合出他的想像世界，以進行扮演遊戲，或是藉由成套的餐具、玩偶，表達並深化他對家庭、朋友等群體關係的社會認知能力。

以下提供的就是運用這些原則，並加以創作的創意教玩具。

第一節 主題遊戲教玩具

家庭、社區、社會通常是幼兒最熟悉的社會接觸，經由這些社會主題（接觸），幼兒建構其對人際關係的看法，乃至於社會價值觀，因此，透過主題遊戲的教玩具，引導或協助幼兒社會行為的發展有其必要性。

(一)我的家

設計者：林艾慧（2004.06）

【前言】

幼兒自出生即生活於家庭，家對幼兒而言是一個熟悉溫馨的環境，享受最自由的團體生活，它是培養人格與道德的起點。

家庭環境是幼兒最熟悉與最喜歡的主題之一，本教具將範圍設定在房間、廁所、客廳及廚房四個普遍存在於幼兒的家庭環境，增進其對各種家具及物品的認識。其目的在於能讓幼兒被教具吸引，而且在操作教具的過程中愉快的學習，因此設計的方向是製作大型教具以方便幼兒操作。

【適合齡域】

四至六歲兒童。

【製作材料】

全開紅色西卡紙 1 張、全開珍珠板 1 張、五種不同顏色八開書面紙各 1 張、各種家具

圖片、字卡、膠膜、魔鬼粘、剪刀、刀片、雙面膠。

【製作過程】

1. 將珍珠板裁成八開大小共四張，及一片屋簷形狀。
2. 將珍珠板貼上不同顏色的書面紙
3. 將珍珠板黏貼在紅色西卡紙上。
4. 家具圖片正面貼上膠膜，背面貼上魔鬼粘。
5. 在書面紙上勾勒出圖片外圍。
6. 屋簷上做三個置物袋（分別放置國字、注音、圖片）。

【成品】

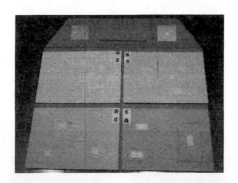

【收納／教具評估】

• 收納：以折疊的方式來節省收納的空間，平放於置物櫃或書

櫃裡；立放於空隙間，以節省空間。

• 教具評估：

　　1.以鮮豔的紅色西卡紙來作為書的封面，可吸引幼兒。

　　2.自我校正設計：內部以具體實際的圖片讓幼兒操作及配
　　　對，在操作區上對每個圖片外形的勾勒及圖片背面貼上不
　　　同顏色的紙，讓幼兒能夠做自我訂正。

(二)三隻小豬

設計者：童玉娟（2003.06）

【前言】

　　根據 Piaget 的認知發展理論，學齡前的兒童認為萬物皆是
有生命的，包含杯子、桌子、樹、房子、月亮、太陽等，我們
稱之為「萬物有靈論」，或稱為「擬情」。由此觀點，便可以知
道幼兒社會行為的發展，會透過玩扮家家酒的角色扮演活動，
學習社會角色行為。本教具之設計，除美勞活動外，在製作三
隻小豬的成品之後，就是以戲劇活動進行社會角色行為學習。

　　本教具設計之目標與重點有：

　　1.根據幼兒社會行為的發展所設計的教具，如人際的互動、
　　　親情間的情感連結（包括親子關係、手足之間的關係）、
　　　同儕之間的關係、師生間的關係等。

2.透過戲劇活動，培養情感教育，及情感的感受與表達。

3.透過角色扮演及戲劇活動，學習正向的社會行為。

4.可以提供幼兒情緒宣洩的管道。

【適合齡域】

三至六歲的混齡班幼兒。

【製作材料】

厚卡紙、粉彩紙（紅色、黃色、蘋果綠）、筷子、綠色膠帶、塑膠眼睛、盒子、剪刀、雙面膠。

【製作過程】

• 戲台的製作：

1.利用厚卡紙製作戲台，並將外圍用紅色粉彩紙包裝好。

2.用蘋果綠色的粉彩紙搭上屋頂後，再以立可白畫上磚牆的圖案，再剪兩片草貼在戲台的兩邊，即完成戲台。

• 三隻小豬紙偶的製作：

1.先裁三個大圓形及三個小圓形做豬頭和豬鼻子。

2.製作豬耳朵及嘴巴。

3.剪三件不同的褲子形狀貼上，並做不同的服裝設計。

4.貼上豬手、豬腳，並將筷子以紫色膠帶滾上包裝後，貼在豬背安裝完成，三隻小豬便完成。

【成品】

【收納／教具評估】

收納盒爲現成的蛋糕盒,將戲台及三隻小豬依次收入盒中,就完成收納,收經濟、方便、簡單之收納功能。

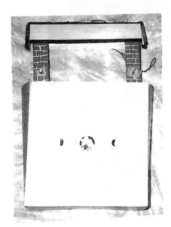 

(三)環保小尖兵

設計者:薛婷 (2003.06)

【前言】

遊戲對幼兒來說,具有幫助幼兒良好社會化的價值,例如:幼兒必須在遊戲中,學習如何與人共同使用玩具、分配玩具、討論玩法、配合遊戲規則……等,透過遊戲,可以有機會去體會自己不曾有過的生活故事或經驗,而了解別人的情緒。

因此,希望透過設計此合作性遊戲,來發展幼兒的社會行爲,並藉此來給予幼兒正確的環保概念。

【適合齡域】

四至五歲幼兒。

【製作材料】

　　蛋糕盒 1 個（約 8 或 10 吋）、木棒 2 枝、圓形磁鐵 4 個、迴紋針 1 盒、厚紙板、圖片 15 種、塑膠飲料罐（或寶特瓶）4 個、毛線、紅、黃、藍、綠書面紙各 1 張、瓦楞紙、包裝紙、剪刀、美工刀、雙面膠、膠水。

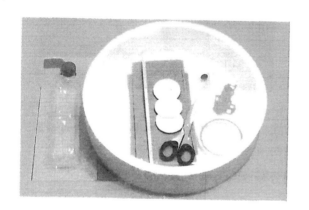

【製作過程】

• 垃圾圖卡：

1. 將圖片與厚紙板剪成圓形（避免稜角割傷）。
2. 將迴紋針放置在厚紙板與圖片中間用雙面膠黏合，即完成

垃圾圖卡。

• 分類筒：

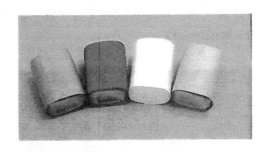

　1.將塑膠料罐（或寶特瓶）用美工刀切割成適當大小。

　2.用四色書面紙包裝分類筒。

　3.標記分類筒的名稱，即完成分類筒。

• 釣竿：

　1.將磁鐵用紙包起來，並用毛線纏繞綁緊。

　2.將毛線的另一邊綁在木棒前端，即完成釣竿。

• 湖泊：

　1.將瓦楞紙剪成草叢狀（象徵湖泊旁的草），將之黏貼在底
　　盒邊。

2.外盒部分用包裝紙將之裝飾即可。

【成品】

【收納／教具評估】

• 收納：可將所有的物品放至蛋糕盒內收納。

• 教具評估：

　　1.保麗龍蛋糕盒較堅固且防水，比紙盒更合適。

　　2.垃圾圖卡上沒有分類顏色的標記（未提供自我訂正），是因為此項活動是以競賽方式進行，分類的正確性是勝負的重點，為避免幼兒依賴提示標記，因此未加以設計。

第二節　建構遊戲教玩具

　　遊戲素材的確可以刺激遊戲，並成為一種資源。某一特定之素材會導引某種遊戲的方式，例如：積木、樂高、鑲嵌式組合玩具，能刺激建構遊戲的產生；可鼓勵幼兒進行想像遊戲，並同時提供幼兒單獨或社會性遊戲。

(一)魔法雪花片

設計者：林淑君（2004.06）

【前言】

　　每一個雪花片都有多個銜接點及方式，是一組活潑容易組合的幼兒積木，可訓練幼兒手眼腦的協調一貫性，促進小肌肉的發育和穩定性，培養耐心與專注力。（有多種不同的變化，可以激發孩子的創意，是最簡單卻是最有變化的玩法）。而且容許幾位幼兒一起玩，可以促進同儕之間的互動。

【適合齡域】

　　三歲以上幼兒。

【製作材料】

　　彩色不織布 2 包、紙盒、磁片盒 2 盒、字卡、雪花片、針

線、剪刀、美工刀、保麗龍膠、雙面膠、筆、長尺。

【製作過程】

1.先縫製收納盒，並加以裝飾。

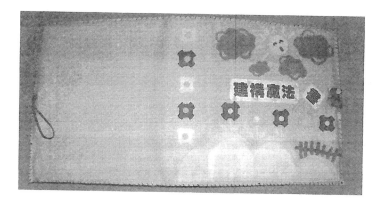

2.內外收納盒縫製好，貼上字卡，方便收納、存放。

3.放入雪片盒。

4.製作平面操作布。

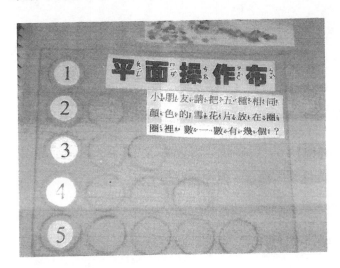

5.製作立體操作布。

6.製作創意操作布。

【成品】

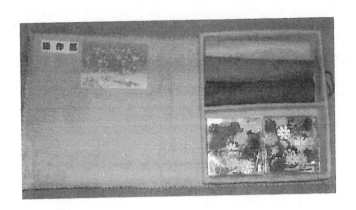

【收納／教具評估】

- 收納：按照收納盒的圖文（具有自我校正的功能）一一收好。

- 教具評估：

  1.具有增減玩法的容易性優點，只要抽換操作布即可，推陳出新。

  2.可促進同儕互動，具有「一起動手玩」的優點。

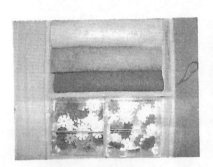

(二)娃娃試衣間

設計者：陳靜怡（2003.06）

【前言】

　　三、四歲的女生大都已擁有性別角色的概念，也喜歡玩洋娃娃、扮家家酒以及扮演玩具，透過這些遊戲與玩具，建構他們的想像世界，並且與同儕分享與互動。

【適合齡域】

　　四至六歲幼兒。

【製作材料】

　　各種顏色不織布、紙板模子、裝飾品、珠子、魔鬼粘、收納盒、針線、剪刀、美工刀、尺、雙面膠、白膠。

【製作過程】

　　1.按照模板在不織布上剪出設計的樣子。

　　2.將剪好的不織布縫合。

　　3.在娃娃、衣服上縫上魔鬼粘。

　　4.利用黑色膠紙，作為收納時的訂正。

【成品】

　　學習角色分辨的可拆可組合教玩具。娃娃放上面，衣服放下面。

【收納／教具評估】

　　1.利用紙盒做成收納盒，經濟、方便且收藏。

　　2.在娃娃身上的魔鬼粘不一樣，所以女生穿的衣服無法貼在
　　　男生身上，是自我校正的設計。

　　3.收納盒利用黑色膠紙剪出娃娃、衣服的輪廓，作為收納位

置的依據，提供幼兒能自我校正。

第三節　組合活動教玩具

　　嬰兒從四個月以後，抓握反射消失，取而代之的是自動拿取和執握。手部肌肉的發展順序是從肩膀開始的，然後漸漸到手臂、手掌和手指（郭靜晃、吳幸玲，1994），幼兒不但用手操作教具，而且在操作的過程當中思考、創造，並且激發他的組合力。讓幼兒「組合思考」成長的教具，大約有積木和拼圖方面，而從中加以變化、創造，很多適合幼兒發展的組合遊戲便油然而生。

(一)動動腦、拼一拼

設計者：劉謹睿（2004.06）

【前言】

　　積木、拼圖都是我們耳熟能詳的玩具、教具，也是最佳的「組合遊戲」教具，利用拼、組的樂趣可以引發幼兒興趣，並且

幫助其思考能力發展。

【適合齡域】

三至六歲幼兒。

【製作材料】

珍珠板 7 公分厚的 3 張（白、紅、藍色各一）、書面紙 3 張（黃、紅、藍色各一）、可愛圖片 2 張（一張史奴比、一張皮卡丘，約 A4 大小）、可愛圖片縮小版 2 份、魔鬼粘、膠膜、雙面膠、白膠、剪刀、美工刀、30 公分的長尺、黑色簽字筆。

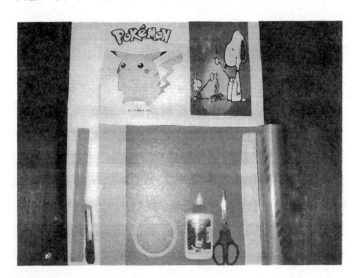

【製作過程】

1. 首先將 7 公分厚的珍珠板裁成 34 × 44 公分的大小兩份，並用黃色書面紙包起來，作為書的封面和封底，

2. 取一張 44 × 46 公分的黃色書面紙，將上述 2 張珍珠板貼在書面紙的兩邊。

3. 裁一條 4 × 44 公分大小的珍珠板，並用黃色書面紙加以

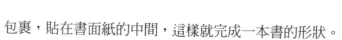

包裹，貼在書面紙的中間，這樣就完成一本書的形狀。

4. 再將藍色及紅色珍珠板分別裁成 34 × 44 公分大小，並將兩張可愛圖片貼在珍珠板中間偏下的適當位置，史奴比貼在紅色珍珠板上，皮卡丘貼在藍色珍珠板上。

5. 把可愛圖片割下，此即是要做的拼圖，因為圖片是貼在珍珠板上，因此有厚度。

6. 將步驟 4 所切割的紅色及藍色珍珠板分別貼到書的內頁，中間的凹槽即是幼兒拼圖要操作的區域。

7. 把史奴比圖片切割成 12 等份的正方形，而皮卡丘則切割成自己設計的形狀，例如：三角形、長方形皆可，拼圖即完成。

8. 把切割好的拼圖背後寫上編號，如皮卡丘背後編號 A、B、C、D……，目的是要讓幼兒可以自我訂正。

9. 書本內頁的凹槽區是幼兒操作的區域，用黑色簽字筆在上面畫出拼圖的分割形狀，也要編號。

10. 在幼兒操作區外的珍珠板上找一適當位置，貼上可愛圖片的縮小圖，讓幼兒可以知道他拼出來的完成圖是什麼。

【成品】

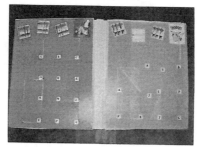

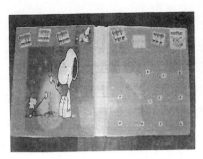

【收納／教具評估】

　　用和內頁珍珠板相同的紅色和藍色書面紙做兩個立體信封，並在信封外貼上可愛圖片的縮小圖，可讓幼兒收納清楚──紅色珍珠板的史奴比收在紅色的信封內；藍色珍珠板的皮卡丘收在藍色信封內。

　　信封裡面則標示清楚拼圖的編號，如 A 、 B 、 C ……，讓幼兒收納的時候知道要放幾片拼圖，以免缺少遺漏。

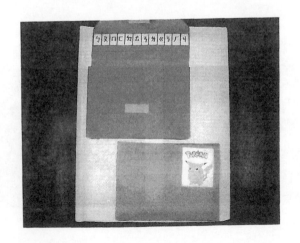

(二)小小店舖

設計者：林延穎、周祺鈞 (2003.06)

【前言】

四至七歲階段的幼兒以直覺來認識外在事物的關係、數目概念。規則性遊戲也在此時出現，喜做家事，可提供幫助其社會化活動的教玩具，例如撲克牌（可玩規則性遊戲、數字配對）（吳凱琳，2000），即是很好的規則性遊戲玩具，提供幼兒從組合、配對到具體活動，具有無比的樂趣與意義。

【適合齡域】

四至六歲中、大班幼兒。

【製作材料】

各種顏色的色紙、面紙盒 5 個、瓦楞紙數張、魔鬼粘、剪刀、白膠或膠水、膠帶。

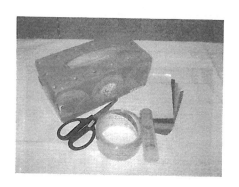

【製作過程】

1.以電腦列印出五間商店的名稱，例如：書店、水果攤等。

2.列印多張圖片，並貼上與商店屋頂相同顏色之色紙。

3.將圖片護貝。

幼兒教玩具設計與運用

【成品】

由左至右為服裝店、文具店、餐廳、水果店、花店。

各店舖所販賣之物品（黏貼於紙盒上）。

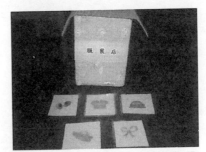

店舖之一，服裝店與其所販賣之物品。

【收納／教具評估】

1.將商品放入商店的的盒子中，再將商店放入大紙箱中。

2.從組合、配對的遊戲中發揮想像力是本教具的特色。

第十章

語言發展的教玩具

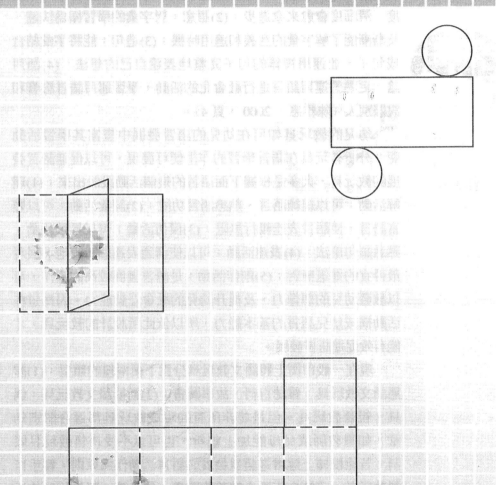

　　語言在這諸多的發展向度中扮演著極重要的角色。幼兒必須透過語言表達他們的需求、情緒或想法等等，老師也能在與他們的互動中，了解他們的需求與情緒，更能了解其目前的認知發展程度，以提供適當的引導。我們從研究中發現，三到五歲幼兒的語言能力向四方面增長：(1)音韻：幼兒的發音、流暢度、清晰度會愈來愈進步；(2)語意：對字彙的學習極為快速，及漸漸能了解字彙的意義和適用時機；(3)造句：能將字彙結合成句子，並運用複雜的句子完整地表達自己的想法；(4)語用論：更熟悉運用語言進行社會化的活動，學習運用語言影響和說服別人（陳雅惠，2000，頁4）。

　　幼兒的教玩具如何在幼兒的語言發展中豐富其學習活動呢？分析教玩具在語言學習的作用便可發現，可以促進語言發展的教玩具，大多是根據下面語言的幾個活動設計出來：(1)理解活動：可以組織語言、熟悉語言功能；(2)詞彙活動：可以豐富語言，使語言表達暢行無阻；(3)模仿活動：可以累積語彙、熟悉語句用法；(4)表達活動：可以使溝通表達適時適地，展現最得宜的進退應對；(5)創作活動：是語言發展較高的運作，可以激發幼兒的想像力，及提升幼兒的社會互動能力。因為這些活動構成幼兒語言的基本能力，所以依此所設計的教玩具，才能有效促進語言發展。

　　現在一般市面上將語文教玩具分為下面兩種的類型：(1)靜態語文教玩具：雜誌百科、故事圖書；(2)動態語文教玩具：偶具、視聽教玩具。但是並非所有的現成教玩具都適合個別幼童，如果教師或父母能加上創新，也可以不受市售教玩具限制。若能根據上述增進語言發展的語言活動作為原則，親手自製教玩具，或結合市面上精美的圖書、偶具等，將教玩具依活動目的加以變裝，相信能使其更合乎運作目的及新鮮感倍增，

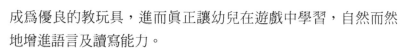

成為優良的教玩具，進而真正讓幼兒在遊戲中學習，自然而然地增進語言及讀寫能力。

　　配合理解、詞彙、模仿、表達、創作等活動，自製教玩具的實例如下。

第一節　理解活動教玩具

　　心理學家指出語言發展需以大腦、聽覺器官及發音器官的成熟為基礎（生理基礎），另外還需要幼兒對語言的了解（心理基礎）。

　　根據兒童發展的理論，幼兒在四歲半、五歲以後，語言上的進展使得幼兒在控制行為、接納他人的指示、自我表達和他人的溝通等能力上，也大大擴展。開始能意會一些簡單的幽默及笑話。

　　五到六歲會自由使用日常用語，對於周遭的事物都要一探究竟，問出所以然來，會說故事或創新故事。

(一)故事貼板

設計者：周祺鈞（2004.06）

【前言】

　　本教具利用各種不同顏色鮮明的動、植物圖案引發幼兒的興趣，進而讓幼兒從指認說出詞彙到想像的自編故事，協助幼兒對語言的了解。

【適合齡域】

　　四至六歲幼兒。

【製作材料】

平板一塊、魔鬼粘、新鮮屋空盒兩個、包裝紙、 A4 白紙、動植物圖案、護貝材料、剪刀。

【製作過程】

1. 將平板裁切至適當規格，將魔鬼粘一邊黏著至平板上，使平板上完全平鋪魔鬼粘。

2. 將新鮮屋包裝上方斜邊切掉，外圍以包裝紙覆蓋包裝。

3. 將動植物圖案列印於 A4 紙上並加以護貝。

4. 將護貝好的動植物圖案依圖案外圍裁剪下來，並於圖案背後貼上魔鬼粘。

5. 將兩個已包裝的新鮮屋外包裝加上「我是動物」與「我是植物」的標示。

6. 依各種不同動植物的屬性分開放置於其所屬之收納盒（包裝之新鮮屋）。

7. 幼兒可隨意至盒中拿取圖案，並根據所拿的圖案，從講出名稱深入至自編故事。

8. 活動可隨時停止或是重新抽取動植物圖案以進行另一次的新活動。

【成品】

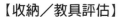

【收納／教具評估】

　　因為動植物圖案本身已經有收納盒的放置，因此若連板子都需要收納的話，可能需要一個紙箱來放置板子與兩個收納盒。若情況允許，紙箱外圍也可加以包裝修飾，以增加幼兒的好奇與興趣。

　　另外：

　　1.植物圖案還可以再增加。

　　2.收納盒可能需要再加上蓋子以方便收納及圖案不易遺失。

　　3.板子四腳最好修成圓弧型以免造成幼兒刮傷或割傷。

(二)海底世界

設計者：林艾慧（2004.06）

【前言】

　　利用海底世界的各種動物引發幼兒的興趣，進而能看圖說故事，並且配合本教具的「操作」性，使幼兒容易將詞彙、句子與圖畫做進一步的理解與串連，最後還能認國字與注音符號。

【適合齡域】

　　三至六歲幼兒

【製作材料】

　　剪刀、雙面膠帶、護貝膠膜、收納紙盒、不織布、各種顏色書面紙（壁報紙）、白膠。

【製作過程】

　　1.將「海星」等各種海底動物「名稱」做成適當大小的字

卡，以便在答句貼上。

2.製作「章魚住在海底嗎？」問句，以及答句「是，『章魚』住在海底」，根據設定的動物製作各別的問答句與字卡。

3.製作章魚等海底動物圖片。

4.裁剪不織布成為書本大小，並且縫製所需版頁後，縫合成冊。

5.於不織布書上面貼上圖、文與裝飾。

【成品】

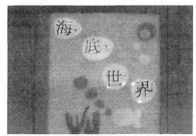
海底世界布書封面

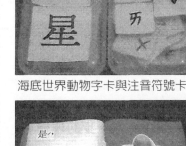
海底世界動物字卡與注音符號卡

布書問句的例子之一

布書答句的例子之一

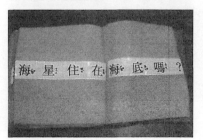
布書問句的例子之二

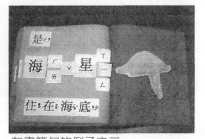
布書答句的例子之二

【收納／教具評估】

1. 使用大小剛好的盒子，裁成相框狀，正好把布書的封面呈現出來，既能收納又美觀吸引人。
2. 字卡，圖、文卡護貝，既能夠保護教具又增加質感。
3. 利用電腦列印，可以根據需要隨時增減內容（動物圖、文等），經濟又方便。

收納盒與布書大小一致

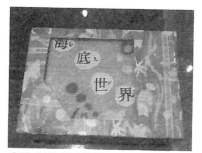
收納盒裁成相框狀凸顯教具的美觀大方

第二節　詞彙活動教玩具

　　根據 Piaget 之理論：三至六歲間之幼兒的語文能力發展可謂一日千里。孩子的語言學習對象當然是大人，但是孩子本身的強烈學習動機，才是語言能力迅速發展的主要原因。

　　三至六歲的孩子已經能用語言表達思想及感情，藉進行孩子感興趣的主題教學，除使用物件名稱之外，也可藉設計許多物件類別的語詞活動來學習。

(一)連連看

設計者：戴麗娟（2003.06）

【前言】

本教具及活動練習，能鼓勵幼兒用口語進行腦力激盪、預測結果及多認識詞彙能力。

【適合齡域】

三至六歲幼兒。

【製作材料】

單位國字（例如：個、對、粒、隻、杯、顆、堆、片、朵、頭、條等）、各類圖案（包括：動物、植物、水果、物品等與日常生活相關的圖案）、各種顏色的紋彩紙、塑膠瓦楞板、魔鬼粘、收納盒、彩色筆、剪刀、黏膠。

【製作過程】

1. 先找尋所需要數量單位之國字，然後印下來並放大（字體大小須與其他圖案配合）。
2. 各種圖案也影印下來，並塗上顏色，以增加色彩美觀。
3. 將各種顏色的粉彩紙剪成文字所需大小的方形，再將所剪下的各文字貼到各種顏色的壁報紙上備用。
4. 再將製作好的文字與圖案加以護貝（防止損壞）。
5. 在各文字及圖案後面貼上魔鬼粘以方便貼粘。
6. 拿出塑膠瓦楞板，在其上也貼上魔鬼粘，以方便配合文字及圖案之交換使用。
7. 完成作品。

【成品】

【收納／教具評估】

- 收納：製作前即考慮到攜帶、收納的問題，所以除了以收納盒及袋子收藏外，另縫製兩個小袋子，以方便幼兒按文字與圖案分開收納，並達其自我訂正效果。

- 教具評估：

    1.教具可再多增加單位名詞及圖案。

    2.板子四周應貼黏防護，以防幼兒擦傷。

    3.教具加護貝，以增加使用壽命。

    4.評估後，另製兩個分別裝收文字與圖案之收納袋，以方便幼兒分辨。

(二)轉盤遊戲

設計者：李秋琴（2004.08）

【前言】

此項教具設計目的：

1.在於激發幼兒的學習興趣，藉著手眼的協調性來轉動轉盤，進而認識圖像及文字（加注音符號）並從遊戲中學習注音符號和圖文的配對及認字。

幼兒教玩具設計與運用

2.更深層的讓幼兒從遊戲中了解自然生態的變化，圓盤的內容還可以依需要做多樣（三種）的變化，此學習階段的活動設計在引起幼兒對注音符號的興趣及概念，可做寫前的練習，但不需急著教幼兒寫字或拼音。

【適合齡域】

五至六歲幼兒。

【製作材料】

粉彩紙、剪刀、護貝膠膜、吸管、動物圖卡、字卡、雙面膠、尺、奇異筆、雙腳釘。

【製作過程】

1.利用粉彩紙剪出三個不同顏色、不同大小的同心圓，小圓貼上動物圖卡，中圓貼上食物圖，大圓貼上注音字卡，顏色可選較為鮮豔。完成後用雙腳釘在三圓的圓心做可轉動固定即可。

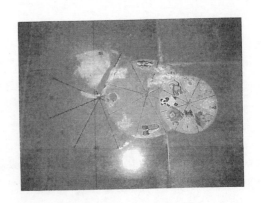

2.動物圖卡：選取所需的圖案及塗色，裁剪後用護貝膠膜護
　貝後即可。

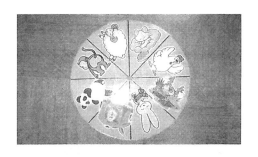

3.字卡：利用電腦打出所需的文字，列印在影印紙上，修剪
　多餘的地方再貼至粉彩紙上加以護貝後成為字卡。

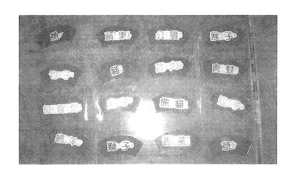

【成品】

【收納／教具評估】

1. 每一對字圖卡的背面均貼上一對一相同的貼紙，做為自我訂正之用，再準備一個大盒子以為收納之用。
2. 對於較幼小的幼兒，可以先認圖、字卡後，再做轉盤活動。
3. 對於較大的幼兒，可增加圓盤內容，以增加挑戰性。

第三節　模仿活動教玩具

　　模仿動作是參與者對於某些特定的人物、動物或靜物仔細觀察及了解後，運用「自己的」肢體動作或聲音口語，把這些人物或動物的型態和特色表達出來的活動，雖然名為「模仿」，但重點並不強調一模一樣的拷貝，而是參與者運用自己的理解與想像，把特定的模擬對象「重新創造」出來的過程。模仿動作的教學內容很廣，只要巧妙地帶領，了解參與者的舊經驗，能夠發揮的空間就很大。

(一)動物圖卡、動作圖卡、巧拼拼圖

設計者：王軒頤、林恩亙（2004.06）

【前言】

　　一個兩歲半的幼兒會利用真的盤子和杯子玩扮家家酒，而一個四歲的孩子把一塊積木當成電話學大人講電話，幼兒們的想像空間觀察能力及模仿力在這個時期是相當強的，像一張白紙般不斷的觀察學習新事物，初步都是從觀察到模仿，所以幼兒強烈的模仿力是不容忽視的，而在加強其模仿能力的同時，也增進觀察能力及表達能力，這是息息相關的，更可以評斷他對這人或物的了解程度，也可以藉由肢體的模仿促進其大小肌肉的協調發展。

【適合齡域】

　　四至六歲的幼兒。

【製作材料】

　　九種不同的動物圖片 2 份（幼兒較常見的特徵明顯的動物）、兩種顏色壁報紙各半開、透明膠模、巧拼地墊 18 塊、壓克力顏料紅藍黑三色（若用彩色蠟筆則需亮光漆，而水彩筆及小碟子則不需準備）、水彩筆、小碟子（調色用）、動物字卡一式三份（一份收納用）、包裝紙收納圖卡用。

【製作過程】

• 動物圖卡：

　　1.將兩張不同顏色的半開壁報紙，裁成各九張同樣大小的長方形。

2.將九張動物圖卡裁成適當大小（狗、豬、雞、貓、猴子、
兔子、青蛙、蜜蜂、大象）。

3.將動物的名稱列印後剪下。

狗	豬	雞	貓	
猴子	兔子	青蛙	蜜蜂	大象

4.將動物圖片及名稱貼於紙張上。

5.將已做好的卡紙護上膠膜。

- 動作圖卡：
    1. 將紙裁成同大小。
    2. 用蠟筆或其他顏料著上圖案及顏色。
    3. 護貝。

- 巧拼拼圖：
    1. 利用操作教具的巧拼背面，將巧拼拼成九宮格（兩份，共18塊）。
    2. 利用紅藍黑三色壓克力顏料在巧拼著上動作姿勢圖及顏色（亦可用蠟筆著色，但須噴上亮光漆）。

【成品】

【收納／教具評估】

• 動物園卡收納：

1. 以質材較厚的包裝紙做成袋子，背面打洞，以線穿過，打結固定即可。

2. 將動物名稱的字卡護貝，貼於收納袋正面。

3. 將所有卡片以卡紙的顏色區分，並依照收納袋正面的動物名稱依序放之。

4. 於收納袋的背面打洞，以線穿過，打結固定即可。

5. 最後收於操作運動教具的箱子內。

6. 至於巧拼拼圖收納，同操作教具之收納，將點數少的放上面，依序排之。

• 教具評估：

　　1.第一部分圖卡部分，要找幼兒日常常見的動物，且特徵明顯易見的，讓幼兒好表現，如果猜不出來可以用說話描述的方式來猜。

　　2.第二部分在巧拼的繪畫上，用彩色筆，顏色會掉；用蠟筆也會輕微的掉色和沾染；用壓克力顏料不但無臭無味，還可以大量使用，既經濟又持久不掉色，而且不會玩得髒兮兮的，比較安全健康。

　　3.對照圖是錯誤控制，協助幼兒獨立操作。

(二)模仿大賽

設計者：李秋琴 *(2004.08)*

【前言】

　　此項教具的設計目的在於：

　　1.培養幼兒欣賞、鑑賞的能力。

　　2.滿足幼兒對戲劇的樂趣與參與。

　　3.發展幼兒想像和思考的能力。

【適合齡域】

　　三至六歲幼兒。

【製作材料】

　　大塊磁鐵板 2 塊、粉彩紙各顏色數張、剪刀、蠟筆、彩色筆、護貝膠模、彩色膠帶、小塊磁鐵數塊。

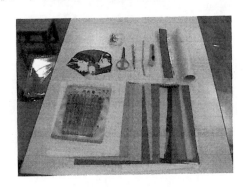

• 其他配備：

　　小男生→玩具、球、鞋子、衣服、帽子、背包、眼鏡、面具。

　　小女生→項鍊、圍裙、鞋子、髮飾、皮包、洋娃娃、帽子、皇冠、天使翅膀、花。（男、女生的配備可共用，不一定有太大分別）

• 平面圖卡：

• 實物：

【製作過程】

　　1.自製小男生娃娃、小女生娃娃各 1 個。

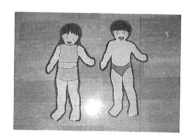

　　2.將上述的各配件畫上圖形，剪裁後上色，然後護貝。

　　3.在圖形的後面貼上磁鐵。

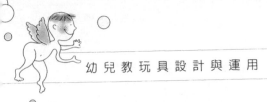

【收納／自我糾正】

1. 收納盒收納人型娃娃板 2 個，亦備有一張收納自製小配件的磁鐵板，操作者可依小配件的影子做收取的配對，可達到自我訂正與收拾的功能。

2. 實物配件則收納在另一個大紙盒中，教導幼兒正確的收取方法即可。

3. 再使用一個大紙箱來收納自製小配件及實物配件的盒子。

第四節　表達活動教玩具

　　語言學家發現，幼兒語言的發展經歷兩個階段：第一階段句子加長，但複雜度不變，但是不同於原來電報式語言，而在句子中的時態、數量、觀點等更清楚。第二階段，幼兒已能有清楚的語法，且對於語言的規律探索與學習，樂此不疲。因此在此節，教具設計的目的在於幫助幼兒橫跨這兩個階段，幫助幼兒能善用語氣、上下文、情境、動作等非語言的線索，一方面做輔助句子的理解，一方面達到「能說能懂」的表達（蘇建文等，1991）。

(一)誰帶我去超市買東西？

設計者：劉鍾梅（2004.06）

【前言】

　　教具目的，利用各種情境，加上圖、文的引導，讓幼兒懂得以 who 、 when 、 where 、 what 的關鍵字做表達，再更進一步的話，可以加上 why 、 how 。

【適合齡域】

　　五至七歲幼兒。

【製作材料】

　　不織布（四種不同的顏色）、泡棉、盒子 4 個、剪刀、白膠、收納盒 1 個、壁報紙、超市 DM 。

【製作過程】

　　1. 以不同的圖片做成「誰？」

　　2. 再用不織布做成鐘，表達各種「時間」。

　　3. 利用超市 DM 剪貼購買的地方與內容，例如「買什麼？」「在什麼地方？」

【成品】

含各種情境與圖文的「誰帶我去超市買東西」

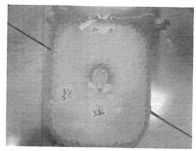

收納盒正面

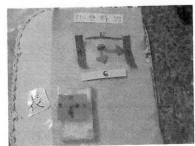

【收納／教具評估】

1.收納分成兩部分,簡易清楚,幼兒可以輕易上手。

2.根據幼兒的運用情形可以適時加入 why 與 how。

各種情境(捲起的不織布)及
圖、文等卡片。

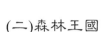

(二)森林王國

設計者：李秋琴（2004.08）

【前言】

此項教具設計目的在於：

1. 可訓練幼兒的語言表達能力。
2. 認識基本的文字，對於年紀較小的幼兒，在尚未識字前，為了引起幼兒的學習動機，一開始可由老師來扮演故事角色，可培養幼兒良好的說話與聽話習慣。
3. 藉由不同的動物來發出不同的聲音及做出該動物的動作，可培養幼兒肢體自然舒展及語言的發展。
4. 從故事的引導中可引起幼兒的好奇心與注意力。

【適合齡域】

三至六歲幼兒。

【製作材料】

厚紙板、絨布、粉彩紙、動物畫本、寬膠帶、魔鬼粘、繩子、膠水、雙面膠。

【製作過程】

1. 絨布先車縫成袋狀，將厚紙板放進去後再縫合。絨布板製做簡單，且使用範圍廣，只要在介紹物背後貼上魔鬼粘，即可自由黏貼在絨布板上。

2. 將想要的動物圖案，繪圖在粉彩紙上，再依輪廓剪下做拼貼方式，組合成動物圖形，用護貝膠模做護貝，然後在圖形背後貼上魔鬼粘即完成成品。

3. 利用電腦將所有圖形的字列印出來，用粉彩紙襯底後再護貝。

【成品】

【收納／教具評估】

　　1.將動物圖片收置盒中，以為收納及收拾。

　　2.絨布板若可做摺疊式效果更加且攜帶方便。

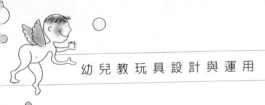
(三)說故事高手

設計者：邱偉婷（2004.06）

【前言】

語言學家發現三歲的幼兒已能與人流利交談、表達，這時教師即可安排環境和教具，讓幼兒能充分的表現出自己，並從中學習更多的新名稱，本教具即在提供可變化的情境，讓幼兒邊玩邊學，儲備更多語言表達的心理基礎。

【適合齡域】

幼稚園中、大班幼兒。

【製作材料】

各色丹迪紙、剪刀、保麗龍膠、圖卡（如狗的圖案）、軟磁鐵、白板 1 個、小盒子 1 個。

【製作過程】

1.先打好草圖（做背景就好，如：風景圖）。

2.利用不織布依照草圖剪下，並用保麗龍膠貼上。

3.上網找圖剪下並裱褙上去（背景是風景，圖卡可用動物及花草作為裝飾）。

4.再找一個小盒子作為收納圖卡用。

【成品】

幼兒可依提供的情境隨意變化，表達自己的思想與情感。

【收納／教具評估】

1.背景用大盒子裝，圖卡則用小盒子裝，再將圖卡盒一起放
　入大盒子裡即可。

2.方便收納可另外以更小的盒子分裝各種不同圖片，也能讓
　幼兒學習分類。

3.圖、卡亦可用市售現成玩具取代或補充，可讓幼兒創作的
　空間更大。

第十一章

數學活動的教玩具

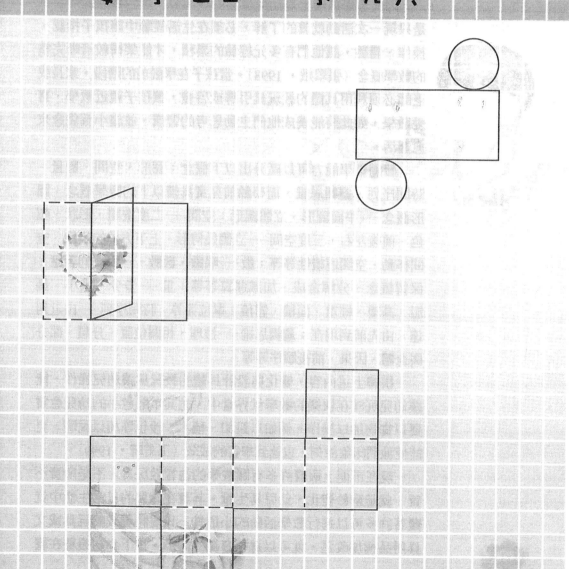

幼兒早期的數學經驗必須能親自操作，並且需充滿遊戲與探索的機會，幼兒對數學概念的了解與認識是建立在一個能實際行動的學習環境中，在當中他們能操作具體的教具以幫助他討論和思考（蔡瓊賢，2004）。

　　因此數學實際上是幼兒生活的一部分，這個概念的學習不是只玩一次活動就真的了解，必須在生活經驗中讓孩子指認、操作、體驗，讓他們有多元經驗的累積，才能架構較清晰完整的數學概念（張翠娥，1998）。當孩子在學齡前的階段，家長或老師必須利用具體的教玩具引導或啟發，讓孩子親近數學、喜愛數學，如此將能養成他們主動思考的習慣，並讓小腦袋愈來愈靈活。

　　普遍數學能力可以區分出以下概念：圖形、空間、數量、時間序列、邏輯思維，而學齡前兒童具備以下的數學概念：圖形概念——平面圖形、立體圖形；空間——二度空間、形狀、顏色、前後左右，三度空間——立體幾何形、上下方位的辨識、空間移動、空間連續性等等；數——唱數、數數、一對一的對應、保留概念、分解合成、加減運算等等；量——多少、大小、長短、高矮、輕重、面積、體積、單位等等；時間序列——由近到遠、由先前到現在；邏輯思維——推理、相關位置、分類、部分與全體、因果、前後順序等等。

　　根據上述內容，變化與設計具體的教玩具讓幼兒操作，能讓幼兒沉浸在快樂的數學世界當中，尤其年齡愈小的幼兒愈需要以實物加以操作。例如以鈕釦、積木、沙包等加以說明，更能使他們印象深刻，也達到學習的成效（王美晴，1999）。

　　現在市面上販賣許多有關數學的益智教玩具，不是所費不貲，就是窮於變化，幼兒易生厭。其實在幼兒的日常生活中就藏著許多可以進行數學活動的小道具，只要將現成的玩具或文具用品稍加改造，就可以進行有趣的活動。以下介紹幾種在園

所、家裡隨處可得的教玩具：圖形——形狀顏色板、徽章、鈕
釦、積木等；空間——形狀顏色板、積木、紙箱等等；數量——
鈕釦、彈珠、冰淇淋棒、數數表等等；時間序列——紙卡自製時
鐘、排序圖、生長圖等等；邏輯思維——拼圖、益智積木、配對
卡、不同種類的圖（照）片等等。這些物體都可以善加利用，
而且多面向利用的同時，也將讓小朋友從中得以啟發創造力。

第一節　圖形教玩具

　　幼兒早期的數學體驗包括一些基本的事件，如三歲的幼兒
在玩切三明治時，可以變化成三角形、正方形、長方形等。透
過具體的操作，幼兒可以將遊戲與生活經驗結合，不僅認識圖
形，還可以與其舊經驗結合，想像出許多有趣的生活事件。以
下的兩個教具設計即在提供這樣的經驗。

(一)百變益智圖盒

設計者：張淑雯（2004.06）

【前言】
　　本教具利用經濟實惠，色彩鮮豔的泡棉，裁剪成各種幾何
圖案，旨在引起幼兒操作興趣，並從遊戲中發展圖形概念。

【適合齡域】
　　三至七歲幼兒。

【製作材料】
　　不同顏色的泡棉、紙盒、
剪刀、美工刀、尺、割圓器、
雙面膠。

【製作過程】

1. 先選擇大小適當的盒子,再拿割圓器,在泡棉畫下各 1 公分、 1.5 公分、 2 公分、 2.5 公分的圓。

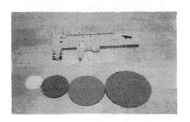

2. 拿尺畫下三角型,各 1 × 1 公分小三角型、 2 × 3 公分等腰三角型、 2 × 3 公分直角三角型、 3 × 3 公分的正三角型;再拿尺畫下正方形與長方形。(圖形大小可依盒子大小調整)

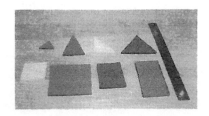

3. 將圖形畫為較大的圖形,方便幼兒第一次認識圖形,或者使更小的幼兒操作。

4.將拿來的紙盒分成 12 格，分別將同一顏色圖形貼在盒子上，這樣有助於孩子操作時，懂得如何更正錯誤，最後懂得收納。

5.製作操作區，可以將盒蓋貼上軟木塞紙，再貼上操作區字樣。

6.盒面裝飾後完成。

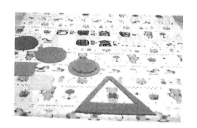

【成品】

各種形狀的幾何泡綿

根據線索，幼兒可以以形狀構成不
同的圖形（一）

（二）

【收納／教具評估】

本教具之優點：

1.具有簡易之特性：製作、操作、收納。

2.具有經濟之特性：取材（泡棉）經濟，製作時間經濟。

3.具有變化之特性：圖形
可以幾何形狀一變再
變，其樂無窮。

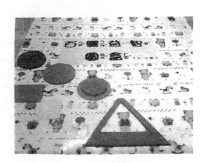

依圖形收入格子中，蓋
上盒蓋即完成收納。

(二)有趣的圖形

設計者：辛宜家（2003.06）

【前言】

　　五至六歲的幼兒對於圖形的數學概念並沒有非常清楚，所以藉由類似「七巧版」的遊戲，引發他們對各種圖形的學習興趣。「七巧版」的遊戲能讓幼兒在拼拼湊湊中反覆認識各種幾何形狀，並引發幼兒能由形體的外觀辨認出某一形體，也能察覺生活中與數學圖形相關的情境，最後再利用正方形、三角形圖卡拼出圖案，以訓練幼兒圖形的邏輯概念以及創作能力。

【適合齡域】

　　幼稚園中、大班（五至六歲）幼兒。

【製作材料】

　　黑裱版 8 塊、色紙 1 包、美術用紙 1 張、緞帶一小段、投影片 1 張、黑色膠帶、剪刀、美工刀、膠水、長尺。

【製作過程】

1. 尋找七巧版的圖形。
2. 剪下兩個大三角形、一個中三角形、兩個小三角形及一個正方形的模型版，拼湊出自己創意的圖形數種。
3. 用色紙剪下七份版型，並在黑裱版上貼出預設好的圖形。

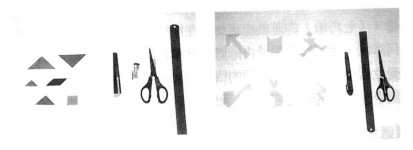

4. 將每一頁黏起來。

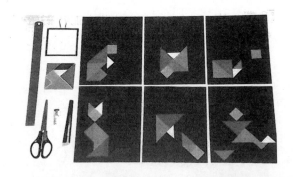

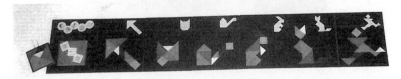

【成品】

【收納／教具評估】

- 收納：將每一塊小版子組成一個正方形，收在封面的小袋子裡。
- 教具評估：可以將題目放大，答案縮小，以免小朋友一眼就看到答案，而失去了思考的能力。

第二節　空間教玩具

　　根據兒童發展理論，二至六歲乃幼兒空間智能發展最快的一個時期，此期幼兒對物體的大小、上下、前後、左右、遠近等產生準確的概念。其發展過程，簡要而言，第一階段大約是三至六歲時，乃通過自身的運動來確定物體的空間位置的關係；第二階段，大約是六至七歲時，漸次的能使用明顯的標記或路標對物體定位。

　　本節即利用幼兒熟悉的「自己的房間」與「機器人的身體」，做為探索空間概念的具體教玩具。

(一)亮亮的房間

設計者：周穎（2004.06）

【前言】

　　本教具設計適合齡域以二至五歲的幼兒為主，以上下左右為教學主要概念。利用自製的教具，達到讓幼兒認識自身與空間如何互動。利用問答的方式讓幼兒自我修正答案，並在最後利用拼圖，讓幼兒在觀念上做一統整。在左右的觀念上，則是與國小教科書同步。

【適合齡域】

　　二至五歲幼兒。

【製作材料】

　　硬紙板 6 張、卡紙 3

張、彩色筆、剪刀、雙面膠、護貝膠膜、魔鬼粘。

【製作過程】

1.將黑色厚紙板剪圓角，避免傷到孩子。

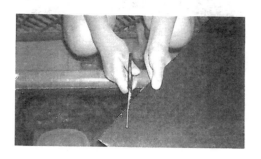

2.在白色卡紙上畫下主要人物。

3.著色。

4.剪下。

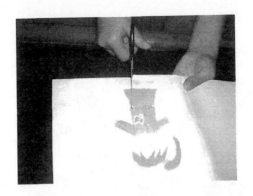

5.畫上家具。

6.剪下後在上面貼上魔鬼粘。

7.剪下彩色卡紙做為答案頁面。

8.將內文用電腦打字後，在背面貼上雙面膠。

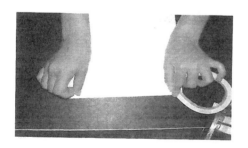

9.剪下內文並貼上。

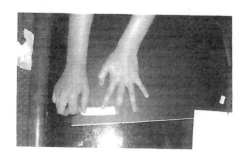

【成品】

【收納／教具評估】

1. 由於本教具設計乃為一本書，收納可不必另外增設，但若想更周全可利用盒子或相簿封套加以收藏。

2. 由於上下左右的空間觀念容易因為倒看而產生誤差，示範時須留意幼兒是否正向面對教具。

(二)機器人

設計者：曾美穎（2003.06）

【前言】

　　本教具設計的重心在於使用令幼兒感興趣的「機器人的身體」，讓幼兒從具體的操作中認識上、下、左、右的空間概念，同時藉由不同的身體的構圖，了解不同的圖形與顏色，發展幼兒的空間智慧。

【適合齡域】

　　三至五歲幼兒。

【製作材料】

　　模型版、轉動的眼珠、色紙、白膠、魔鬼粘。

【製作過程】

　　以模型版割成機器人狀（參考照片），讓幼兒貼上自己喜歡的造型與顏色，將機器人的四邊契合處黏上魔鬼粘，並將其內面寫上數字，方便幼兒算數；後製一收納紙箱，即完成。

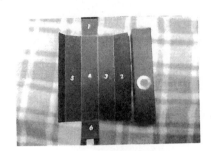

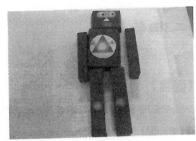

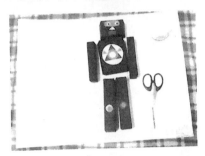

【成品】

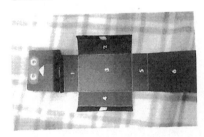

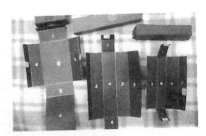

【收納／教具評估】

　　1.找一個合適的、現成的盒子收納即可。

　　2.亦可用模型版裁剪為大小合宜的收納盒。

第三節　數、量與順序教玩具

　　根據幼兒發展理論，幼兒通常藉「唱數」來記住數字，但是不能眞正理解，而「計數」則爲較高的理解層次，例如數完七個鈕釦，知道七比五個多。所以，如何增進幼兒對於唱數之外的理解能力，就涉及到數、量與序列的關係。Montessori 博士曾言：「如果在適當的時機提供幼兒具體操作物，幼兒將具備充分的知識去學數學」；而心理學家 Piaget 亦認爲，吾人當重視兒童由具體物的操作中，去發現物的統合關係，包括比較多少、大小、長短、輕重。因此，透過具體教玩具操作，可以讓幼兒了解這較高層次的數學，理解數、量與序列，以下教玩具的設計即基於以上的原理。

(一)數字小磨坊

設計者：林矜雯（2004.06）

【前言】

　　本教具能發展幼兒的手眼協調，數、量的輕重量概念。利用槓桿原理，例如左邊數字 2 的小包，右邊要放幾個 1 的小包才會平衡，以此類推讓幼兒操作並可以對照盒子外的數字加法表來校正。

【適用齡域】

　　六至七歲幼兒。

【製作材料】

　　化妝紙盒或牛奶盒、棉線（粗和細

的）、皺紋紙、小張彩色卡紙、 A4 瓦楞紙 1 張、彈珠 1 包、竹筷子 1 雙、剪刀、加減數字紙片。

【製作過程】

　　將紙盒兩側對挖長型的口並用瓦楞紙包裝外殼（不要蓋住口，瓦楞紙也要挖口），量好盒口對邊長，一支筷子剪成對邊長度，找其中點綁上棉線接另一支正常長度的筷子；將筷子循洞口插入盒內，短的那一支竹筷支撐在盒頂對邊；在卡紙上畫一圓，剪其半徑並捲成圓錐形屋頂蓋在盒口上；用皺紋紙製作數個小袋，裡面可分別裝 1 至 6 顆不等的彈珠，用棉線綑綁，用剩餘的卡紙作裝飾磨坊的門窗，小磨坊即大公告成。

【成品】

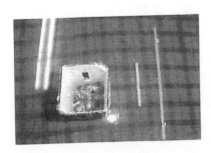 

【收納／教具評估】

　　收納盒用包裝紙包裝，並於盒外兩側貼上數字加減表，方便孩子操作校正。

(二)數字大冒險

設計者：張淑雯（2004.06）

【前言】

　　本教具乃利用數數的「唱數」活動，讓幼兒了解「數」、「量」之關係，從數數、數字、數棒到大小、長短，提供幼兒具體的數學概念。

【適用齡域】

　　三至五歲幼兒。

【製作材料】

　　魔鬼粘、雙面膠、美工刀、剪刀、尺、小盒子4個、大盒子1個。

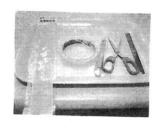 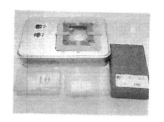

【製作過程】

　　製作第一關：數字用電腦打字，1至10的數字卡與數字牌、小盒子一個。盒子背面貼上魔鬼粘，紙盒子也要喔！

　　製作第二關：用電腦打1至100的數字2張，一張用剪刀剪下做數字卡，裝入小盒子；一張則是當數字表。

　　製作第三關：用電腦打＋－＜＞＝符號。

　　將大紙盒用厚紙板分隔成四大格，依照小盒子擺放位置黏上魔鬼粘，作為收納與自我更正的指示。

【成品】

第一關：學習數字與數量

第二關：學習唱數與數數

第三關：結合數字與數棒的學習遊戲，長的冰棒棍代表十位數，短的冰棒棍代表個位數。

【收納／教具評估】

1.將小盒子依關別放入大盒子。

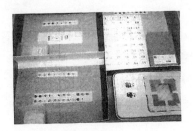

2.蓋上蓋子即完成收納。

(三)彩色聰明球

設計者：陳靜怡（2003.06）

【前言】

　　利用自製具有質感以及色彩鮮豔的骰子，讓幼兒理解數字與量的關係，並進而能排出大小小大順序，是一個幼小幼兒即能操作的教玩具。

【適合齡域】

　　二至四歲幼兒。

【製作材料】

　　各種顏色不織布、剪刀、針線、魔鬼粘、綠豆、小飾品。

【製作過程】

　　1.依尺寸大小剪出正方形不織布，及設計的數字、圖形。

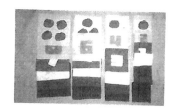

2.將數字、圖形用白膠先黏在每片正方形不織布上。

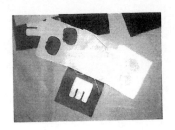

3.縫合 6 片正方形，留一開口，翻面後塞入棉花及綠豆，塞完棉花及綠豆後縫合開口即完成。

【成品】

【收納／教具評估】

　　因為在藍色及黑色面有魔鬼粘，所以將其相黏即可防止遺

失，便於收納。

(四)秤一秤，我來當老闆

設計者：劉心玉、張妤婷（2002.06）

【前言】

　　輕、重的關係是本教具的設計重點，亦即在幼兒擁有數、量概念後，在此幼兒還能由磅秤來分出輕重的關係。戴上面具幼兒化身為老闆，從事有趣的買賣活動，以發展幼兒清楚的數、量與序列概念。

【適合齡域】

　　四至六歲幼兒。

【製作材料】

　　彩色布 1 塊、針線盒、綠豆 1 包、各色寶石數顆、小磅秤 1 個、大小寶石收納袋數個、彩色紙卡數張、錢幣收納籃 1 個。

【製作過程】

• 寶石袋的製作：

　　1.先將彩色布面剪裁出不同大小與形狀，並以針線將布面開口縫合。

2.於布面開口完全縫合之前，將預先準備好的綠豆或黃豆置
入袋中，再將袋口完全縫合。

3.取事先準備好的寶石形裝飾物，並將其配色縫製於寶石袋
上即可完成。

• 錢幣的製作：

1.取厚紙版或卡紙數張。

2.於卡紙上以杯底的圓形或其他較大的圓形繪出錢幣的輪
廓，並依輪廓將圓形剪下。

3.取預先準備好的金色錫箔紙，依上述的方式剪下圓形。

4.將已剪下的金色錫箔紙黏貼於卡紙之上下兩面，並以筆頭
於金色錫箔紙上壓出錢幣的輪廓。

5.最後再以黑色簽字筆於金色錫箔紙上書寫錢幣面額即可。

【成品】

【收納／教具評估】

收納：應另行準備較大的托盤或收納箱將教具妥善的保存起來，以培養幼兒物歸原位、善用資源的良好習慣，更避免教具內容物遺失或毀損。

因「秤一秤」活動裡所使用的綠豆袋已設計成不同種類、大小的形狀（例如：三角形、正方形、長方形等），故老師可利用綠豆袋形狀及數量上的特徵，再次利用小綠豆袋設計出能吸引幼兒操作的數字或圖形活動。

第四節　時間序列教玩具

時間是教育最基本的概念，且時間觀念不只是幼兒人格發展的重點，同時也是其心智發展的立基，它能讓幼兒有自我控制及自我調節的生活能力，也可讓幼兒發揮自動自發學習的精神，及擁有較優良的生活常規（陳雯琪，2005）。

因此以簡單的量、數的觀念為開始，由淺入深，帶領幼兒逐步進入數學的時間序列領域裡，並透過教具操作學習邏輯思考、解析層次的訓練，使幼兒對時間概念有進一步的認識，但不是非要幼兒知道「現在是幾點？」，「幾點鐘」只是認知的一小部分。

(一)有趣的時間王國

設計者：高婉純（2004.06）

【前言】

本教具藉由童話故事的情節（有時間王國、數字村）引發幼兒對時間的概念，以及時間順序的認知，在動手操作玩具時

鐘的同時，逐漸理解時間、事物與生活的關係。

【適合齡域】

四至六歲。

【製作材料】

剪刀、刀片、膠水、護貝膠膜、相片膠、包裝紙、中國繩或鐵圈、釦子 1 顆、不織布數種顏色、魔鬼粘、雙面膠、鐵絲、厚紙版、針線、 A4 珍珠板 3 片。

【製作過程】

1.將 A4 大小珍珠板裁一半。

2.雙面貼包裝紙（美觀）。

3.將兔子的故事貼上膠膜或護貝。

4.用不織布做出兩個時鐘，一個不貼數字，一個不做長短針。

5.用不織布做出 1 至 12 的數字，背後黏魔鬼粘。

6.用鐵絲做出長短針。

7.在厚紙板上寫幾個整點時間。

8.將步驟 1 裁成一半的珍珠板雙面貼上底色（有顏色的紙）。

9.將兔子故事分面貼在珍珠板上，並加上插圖（個人喜好）。

10.珍珠版打洞裝訂（綁線或用鐵環），記得留翻頁的空間。

11.封面黏釦子，封底黏一條線以方便扣起。

【成品】

1.故事為引發遊戲的動機。

2.排出正確時間順序，將雜亂無章的數字排成正確的順序
（了解時鐘走的方向和時間順序；用指針指出正確時間：
看厚紙版上的時間轉動長短針）。

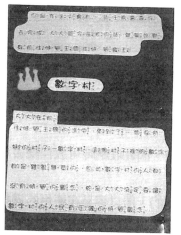

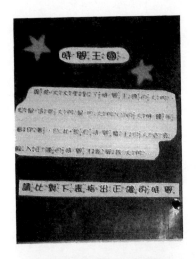

【收納／教具評估】

1. 本教具設計的如同一本故事書，因此收納時可放在圖書角的書架上，隨時讓幼兒取閱。

2. 時鐘上的數字是用魔鬼粘黏貼的，所以容易在使用的過程中脫落，其實可改用針線固定，如此也較牢固。

(二)小瓢蟲的時間迷宮

設計者：廖心琳（2005.06）

【前言】

　　本教具使用 S26 金幼兒樂趣味昆蟲軌道車贈品，加上簡單的素材再製，讓幼兒可以具體看見三個軌道成為直線量衡之後，再藉由直線之長短推理行駛時間之長短、快慢，進而釐清圓形、直線與時間之關係。

【適合齡域】

　　二至六歲幼兒。

【製作材料】

　　中國結繩、剪刀、刀片、色紙、盒子（收納盒）、膠帶、打洞器、 S26 金幼兒樂趣味昆蟲軌道車、軌道。

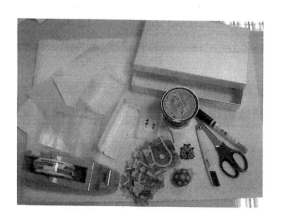

【製作過程】

　　1.選取一大小適中的盒子。

2.以色紙剪下各玩具「家」的名稱貼在盒子的適當位置。

3.以色紙寫上數字 123 分別護貝後成為數字牌。

4.在收納盒蓋標示「操作區」，將三種軌道分別舖置在上

面,以便幼兒操作瓢蟲車(轉緊瓢蟲車發條放置任一軌
道,瓢蟲車即能自行繞行)。

5.以中國結繩實際量測三個軌道長度後剪下來,再以上述之
數字牌標示其為軌道1或2或3。

6.最後讓幼兒觀察各個軌道直線長度,比較三個軌道長短,
再推理繞行時間的快慢。

【成品】

【收納╱教具評估】

1. 根據操作盒上面標示之各玩具的「家」歸位，即能做好收納。
2. 小瓢蟲車與軌道可以以 3.5 磁片盒收納，上貼「小瓢蟲的家」。
3. 收納盒蓋也是操作盒，節省空間同時達多功能之使用。
4. 利用贈品再以簡單的素材重製成幼兒教玩具，惠而不費，又能發揮教玩具多功能的特性，一舉數得。

第五節　邏輯思維教玩具

幼兒思維發展的特點是：具體形象思維逐漸取代直覺行動思維，而成為占主導地位的思維方式特點，同時抽象邏輯思維開始萌芽。亦即，幼兒的思維雖然還不能完全擺脫具體的動作和形象的束縛，但已經開始了向抽象邏輯思維過渡的漫長時期。對於某些具體的問題或情境，幼兒已能夠用邏輯的方法進行思考和推理，而且也能概括出具體事物的共同特徵，進行初步的抽象。這說明幼兒已具有發展初步抽象邏輯思維的可能性。而抽象邏輯思維是以具體形象思維為基礎發展起來的，所以具體形象對於邏輯思維特別是幼兒的邏輯思維是很重要的。

(一)四角拼圖

設計者：辛宜家（2003.06）

【前言】

拼圖是每一位幼兒在成長過程中必備的一項智慧性玩具，

拼圖製作容易，且能夠得到很高的學習效果，對幼兒各方面的幫助很大。依年齡選擇設計不同難易度的拼圖，使幼兒不會有挫折感，並有更高的學習興趣與解決能力的自信心。拼圖可以訓練幼兒手眼協調的能力，增加幼兒對圖面整體關係及視覺辨別的能力，以及邏輯推理的訓練，學習如何分類運用思考解決問題，拼圖可說是一項必備的學習。

【製作材料】

黑裱板 2 張、圖片、厚紙板（做盒子用）、小貼紙、博士膜、尺、剪刀、白膠。

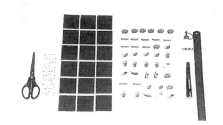

【製作過程】

1. 上網列印三組（12 個）不同的圖案（每一組要有一個主題），並將每一張圖案剪下。

2. 將黑裱板裁成一樣大小共 27 塊正方形。

3. 將對裁的圖案貼於四方形的各邊，使之緊鄰的四邊圖案及顏色相吻合，並在每一塊正方形的中間貼上一張貼紙。

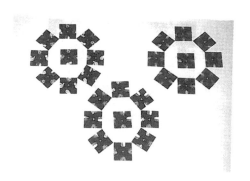

4. 用盒子做三個可以裝得下 9 塊正方形厚紙板的小盒子。

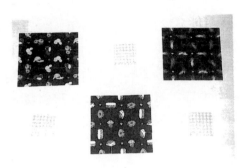

5. 將每一組板子裝入盒子裡。

6. 在盒子外面貼上已經完成排列的拼圖的照片。

【成品】

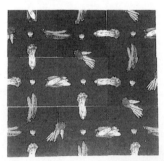

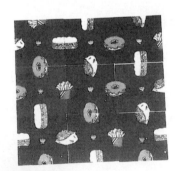

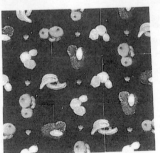

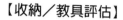

【收納／教具評估】

• 收納：將每一塊小版子收在小盒子裡。

• 評估：

1. 在排列圖形的過程中，為了要吻合四邊圖形的思考，可促進幼兒空間圖形概念發展。

2. 幼兒將排好的圖形對照著盒子上面的照片，即可達到自我訂正的效果。

3. 把每一張紙板裱褙起來，以免容易脫落或壞掉。

(二)汪汪偵探

設計者：林佳穎（2004.06）

【前言】

　　本教具藉由童話故事的鋪陳引領幼兒以既有事實分析周遭事物，一方面引起幼兒探索、推理的興趣，一方面訓練幼兒邏輯思維的發展。同時因為教具設計主要以布書故事搭配嗅覺為線索亦期達到下列目標：

1. 刺激嬰幼兒視、觸、嗅覺的感知覺發展。
2. 發展幼兒樂於助人的情懷。

　　故事之發展為熱心的小狗汪汪幫母雞找小雞，小雞身上有特殊的香味，汪汪憑藉靈敏的嗅覺找出了在花草叢中的小雞。

【適合領域】

　　2-6歲幼兒

【製作材料】

　　各色不織布、香水紙、菜瓜布、棉花、剪刀、白膠、針線。

【製作過程】

1. 先將不織布裁成適當大小，做爲布書內頁。
2. 在白紙上畫出布書中的故事主角，如小雞、母雞等。

3. 故事男主角小狗則縫製成立體布偶。

4. 背景圖案如：花、太陽、蝴蝶等則一一剪下貼好在布書
內頁上。

5. 將菜瓜布剪成草（地）做爲觸覺以及背景。

6. 將棉花舖貼在天空成爲白雲，並做爲觸覺及背景；而香
　水紙則剪成適當圖樣貼在小雞身上。（以便小狗嗅聞）

7. 在布書封面做一口袋，小狗即可收納於此。

【成品】

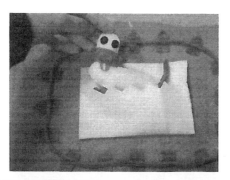

 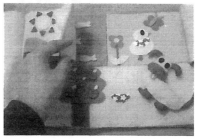

【收納╱教具評估】

1. 因不織布的材質很柔軟，捲起攜帶也不成問題，也可以自成書本收納。
2. 為了引起幼兒的注意，布書顏色宜色彩鮮豔。
3. 香水紙可以使用一般香水商品之贈品即可，惠而不費。

附　錄

附錄一

Montessori 教具

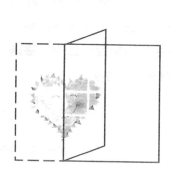

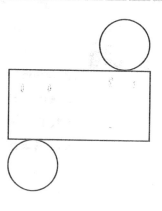

Montessori

　　Maria Montessori（1870-1952）所經辦的「兒童之家」有著令人讚賞的教育目標與教育內容，尤其是她所提倡的一整套教具（didactic material）更見化育之功。透過妥善安排的「兒童之家」這個環境及其教育設備，她運用了「動作教育」（motor education），「感官教育」（sensory education）與語言教育等主要教育內容，企圖使義大利最年輕的一代獲致自然而平衡的身心發展（許天威，1988）。雖然蒙氏教育難免遭受議論，但少有人否定蒙氏對幼兒教育的貢獻，她奠定了我們對幼兒的一些想法。當世界上大部分地區還是大班幼兒教學時，蒙氏則已努力促進她的先進幼教主張：幼兒應在多樣化的學習形式中，透過適性發展的教具才能長成獨立、反應機靈的思考家。

蒙氏教育主張

　　身為一位女醫師，Montessori 女士在義大利羅馬從事醫療智障兒的工作，從工作中發展出幼教的思想，認為教育比醫療重要。大體而言，其教育的思想源於 Froebel 和 Pestalozzi，視兒童發展為看不見的生理開發。在她對幼兒園－兒童之家（Children's House）細心觀察後，總結出每一個孩子都擁有敏感的發展階段，當他的技巧和觀念學得特別快的時候就是敏感階段，所以應好好引導他發展。她將兒童的發展約分為零至六歲、六至十二歲和十二至十八歲等三個時期。她認為幼兒是活

潑的、有與生俱來的動力，他們不是被動的、被強迫餵食資訊的學習者。她的信念就是讓孩子自然地（spontaneous）學習，因此一個完備的環境是最重要的。六歲以下的孩子，還不能像大孩子一樣善於使用語言，大人或教師要特別注意語言的使用，讓幼兒能理解。

蒙式教保方式

　　Montessori「兒童之家」的教育係遵循幼兒自然發展的原理，並採用有意義的日常生活細節與設計好的教具啓發幼兒的智慧成長（許天威，1988）。現簡述其教保方式如下：

1.教保環境爲幼兒量身打造：蒙式教學的特色主要在環境的設計，包括戶內和戶外的設施和空間資源的規劃。一個蒙式教學的教室區分爲各個學習區，而各個教材架的高度都是爲孩子量身定做，旨在發展幼兒的全面感官能力。而每一件孩子活動所需的東西，都置放在同一地方，讓孩子有安全感，也是蒙式教學相信幼兒有愛好整潔的天性，是訓練孩子物歸原處的方法。

2.教保活動鷹架於適性的教具：蒙氏的教保活動，主要源於創造性感官能力的兩個架構：一爲吸收的心智（the absorbent mind），一爲感官階段（sensitive periods），兩者幫助孩子適應環境。所以主張跟著孩子的感覺走。「我們把某種東西在某種情境下給了孩子，就讓孩子去做，別干擾他」（The Absorbent Mind, 1964, p.205）在這教條下，孩子有充分的自由去和完備的環境互動、探險，從一大堆

的教材中摘取適合發展階段的教具，但不是隨意取用，因蒙氏相信如果我們要生活在社會裡，就沒有完全的自由。

3.混齡教學輪流使用教具：蒙式教學認為在真實的環境中搭配真實的活動，混齡的編制讓孩子永遠有比他大的和比他小的孩子做真實的社會互動，並且學習「輪流」取用東西的美德。即使在完備的環境裡，也不是隨時取用，還得等候老師的指令，更重要的是，要學習等候，各種教具都只有一套在教室裡。

4.標準化的操作（normalization）原則：蒙氏教學中標準化的孩子是可以跟著自己的步調工作、能有觀察的自由、能自己選擇活動和循著自己的天性和工作模式。一旦一個孩子完成自己的工作，便能體驗成功的喜悅和明瞭專心的力量。達至標準化適當時期是三至六歲。

5.利用設計良好的教具進行一系列教學模式：在完備的環境中，提供一系列的學習方案，包括利用實際的和感官生活的練習，讓幼兒了解其周邊的世界；利用蒙氏開發的高結構性教具教導數學；且利用音韻教學法，讓幼兒學習閱讀，還有進行文化和創造性主題的活動。

總而言之，蒙氏教學是經由問題解決方法（操作教具），體驗批判是思考的技巧（Curtis, 1998; Brewer, 1997; Essa,1992）。

蒙氏教學內容

Montessori 女士的教學內容係以兒童生理與心理的自然發展與成熟為基礎，她運用動作教育、感官教育、語文教育等主要

教學內容，企圖使義大利最年輕的一代獲致自然而平衡的身心發展。她的教學內容可以扼要地分爲三大類：

1. 動作教育：教育功能在促進兒童獲得與維持平衡、優美，和有效的動作與姿態。諸如行進、操作等肢體的協調作用皆屬之。

2. 感官教育：藉著來自環境的各種刺激，可以培養視、聽、觸、嗅、味等器官的感覺與知覺作用。經過感覺的操練與領悟，可以產生觀察、比較、分析、綜合與判斷等能力，因而建立智慧發展的基礎。

3. 語文教育：語文與文字等發展學習能力所必備的抽象符號之思考過程，必須隨著前述兩項要素的發展，而一併自然地演進，所以「兒童之家」的幼兒很自然地必須掌握師生會話及日常活動等機會，來培養說話與認字的能力。

爲進行這三大類的教育，蒙氏分別設計了教學媒介——蒙氏教具，於是就有了今日聞名於世的蒙氏教具。

蒙式教具特色

Montessori 教具不像老師手中的那根教棒，不是輔助老師教課的物品，它是讓孩子在其中「自我教育」、「自我啓發」的媒介物，而非玩具。其特色爲：

1. 蒙氏教具不選用五彩雜陳的色澤（此乃異於 Froebel 的地方），而以樸實、乾淨的色調爲主。因爲它具有教育意義，所以通常用單色調，凸顯眞正的教育目標，也是具孤

立的特性。例如：粉紅塔的十塊木頭全部都是粉紅色。

2.由於教具的最重要目標，是為了符合兒童的內在需要，所以在大小、尺寸上，以兒童的能力為設計重點。例如：粉紅塔最大的一塊，讓孩子也可以搬得動。

3.每樣教具都有能夠吸引小孩子的因素，例如粉紅塔的重量、顏色；或舀豆子時，豆子沙沙的聲音。

4.教具的設計，以供給「一個人」操作為主要考慮目標。

5.每項教具得單獨和聯合使用，都有其步驟和順序才能完成。而且不管在設計上或者在使用方法上，都是由簡單到複雜，其主要目的是培養孩子了解步驟、重視秩序，並間接地培養其「內在紀律」。

6.每樣教具都具有直接與間接的教育目的。

7.在設計上，具有「控制錯誤」的特性，可以使小朋友自行發現錯誤，而能自己改正。既有助於孩子自己了解問題、解決問題，亦能培養「知過能改」或獨立、負責的品德，並有助於創造性思考和打開智慧竅門等多種作用。由步驟、秩序中培養孩子的邏輯習性和推理能力。

蒙氏教具設計原則

　　Montessori 認為環境（頭）、教師（胸）、教具（腹）三者，看似分立，實則相連一氣。她將教具比喻為「腹」，乃認為教具的性質為孤立化、要有吸引力、設計上要由簡至繁、具體到抽象，並且有訂正錯誤的功能，才能具有「教育的意義」，因此蒙氏教具的特色有：(1)孤立性（單一性）；(2)由簡單到複雜；(3)由具體到抽象；(4)自動教育性（自我校正）；(5)間接預備性

（前一階段可為後一階段的基礎）。

在此特性下，蒙氏教具設計的原則計有：

1.性質的孤立化：製作教具時，應確立一個特定的目標，針對此目標改變教具某一性質，至於教具的其他性質則維持不變，藉以凸顯此單一性質的變化。這樣的設計，能夠使幼兒在認知上更容易學習。

2.教具的重量與大小：教具的重量與大小應以幼兒能自由移動、易於抓取為原則。

3.具有吸引幼兒的特質：採用能吸引幼兒目光的柔美色彩或亮麗色彩，以及呈現一致性，如紅色的杯子配紅色的托盤等，不僅可以吸引孩子的目光，更可以讓孩子一目了然這是同一組教具。在製作教具時，亦可以安排清新悅耳的聲音，以引起幼兒的興趣。

4.由簡至繁：教具在設計與使用方法上應由簡至繁。

5.「步驟」不宜過於繁複：應配合幼兒的能力，簡化教具操作的步驟，如此方能使幼兒對該項教具產生興趣與信心，讓幼兒不斷的重複操作而達到專心與樂此不疲的境地。至於教具本身的難易，則應配合個別幼兒的內在需要而彈性的設計。

6.教具的錯誤訂正：教具的錯誤訂正繫於教具本身，而不在於教師；這種設計可以讓幼兒自行發現自己的錯誤，而能獨立學習（童玉娟，2005）。

蒙式教具的運用

　　蒙氏教具在實際的教學運用上可以概分為五大類，茲分述如下：

一、日常生活教具

　　「中國人用筷子吃飯」、「蘇格蘭的男人穿裙子」，從這兩項中可以引伸出日常生活教具的特質：

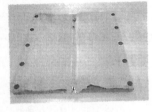

　　1.依各個文化的不同，內容也就不完全相同。
　　2.日常生活的一切活動，大都可納入這一項目中，例如：
　　　(1)大肌肉、小肌肉運動（抓、倒、擠、夾、舀）等。
　　　(2)照顧自己，例如穿鞋子、衣服等。
　　　(3)照顧環境，例如養小動物、拔草、澆花等。
　　　(4)生活禮儀，例如打招呼等。

　　日常生活教育在生命成長上的目的，在於訓練感官能力和肌肉活動兩者之間的協調。因為對幼兒來說，動作的平衡會促進智能的發展，而且手眼協調也會為他們將來的寫字、畫圖能力做了「預備」的工作。

　　這樣日常生活教育形之於蒙氏教學或教具的情形，可以簡單的從四方面來看，即基本運動、社交行為、對環境的關心與對自己的照顧（如**附表** 1-1）。

附表 1-1　Montessori 四種日常生活的教具練習

分類	基本運動	社交行為	對環境的關心	對自己的照顧
內容	是為了日常生活練習所做的基本運動，為一種全身性的活動，是其他三者的基礎。	學習社會上的禮儀規則，增進幼兒的人際關係，能站在他人的立場思考。這部分幾乎不用教具，且隨各地風俗而有明顯差異。	是指對人以外的事物的關心照顧。如飼、掃除……等，練習的教具相當多，且包含許多動作。	順應社會的要求，培養獨立自主的精神，這部分的練習需要老師直接幫助較多。
教學內容或教具	走、坐、站、拿、搬、放、絞、倒、摺、切、剪、貼、縫……	門的開關 打招呼 應答 感謝與道歉 咳嗽 倒茶 行車禮儀	地毯作業 餐桌準備 掃除 植物栽培 照顧小動物 庭院工作	照鏡子 梳頭髮 擤鼻涕 穿脫衣服 洗手 衣飾框 刷牙 漱口

資料來源：許惠珠等譯，1991；徐炳輝譯，1995。

二、感官教具

感官教具的範圍包括：視、聽、嗅、觸、味、壓、辨認實體等各方面的感官訓練，將顏色、氣味等抽象的感覺帶入具體實物，用以啓發孩子認知的敏銳度，爲進一步的教育目的立下根基。例如：以嗅覺瓶練習各種味道的認識和辨別，讓孩子經由親身的體驗而有清楚的辨認能力。

再以典型的視覺感官教具（帶插座圓柱組）爲例：它眞正的目的，不在於兒童能將每一個圓柱體放回適當的洞裡，而是在訓練兒童的觀察力，培養他們能辨別相同性（都是圓柱體）、

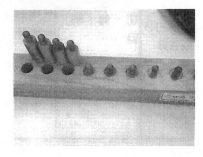

相異性（或高度不同或直徑不同等）和秩序性（由左到右或大到小），引導兒童能夠由了解和思考來判斷事物。

　　因此，在蒙氏教學實施讀寫算訓練、語言文化教育之前須先掌握幼兒的敏感期施以感官訓練。其教具如**附表** 1-2 。

三、語文教具

　　Montessori 主張孩子在一出生時，大人就應該提供一個充滿

附表 1-2　**蒙特梭利感官教具表**

種類	類別	教具	內容
視覺	大小 大小 大小 大小 顏色 形狀 形狀 形狀	圓柱體組 粉紅塔 棕色梯 長棒 色板 幾何圖形嵌板 幾何學立體 構成三角形 二項式 三項式	高－低、粗－細、小－小的組合 大－小 粗－細 長－短 顏色種類、明暗 平面幾何圖形 立體幾何 各種三角形的組合、辨別與等值觀念 顏色與大小要素的應用
觸覺	觸覺/溫覺/重量/感覺	觸覺板（布盒） 溫覺筒（板） 重量板	觸感、粗糙－光滑 熱－暖－溫－冷 重－輕
實體認識感覺		幾何學立體 布盒	表面凹凸、形狀、粗滑、重量……
聽覺		音筒 音感鐘	雜音強弱 樂音高低
味覺		味覺瓶	酸、甜、苦、鹹……
嗅覺		味覺瓶	物品的味道

資料來源：許惠珠等譯，1991；徐炳輝譯，1995。

語言與文字的環境，讓他自然地由「感覺」到「領悟」周圍的一切。又由於兒童有主動學習的能力，所以，我們就在他的生活環境中，為他預備一些以「間接」訓練的道理所製作的教具，培養孩子書寫能力。例如常見的「砂紙字板」，是讓孩子用手指觸摸砂紙中的字型（不用細筆而用手指），利用這種預備寫字的間接練習，養成頭腦對於眼力和肌肉間「發號司令」的協調能力。

主要的語文教具及其運用如下：

• 閱讀前的準備：

　　1.語文練習—說話經驗、字彙建立。

　　2.聽力練習—聲音來源和聽覺正確性、專注力、差異性、解析力、連接力、記憶力。

　　3.視覺練習—(1)視覺與身體肌肉協調：日常生活與感官、運動—動作協調、空間概念。(2)眼部肌肉協調：拼圖、配對、序列、字形配合、視覺解析、視覺記憶、閱讀區的設置、標籤、認字、空間方位遊戲。

• 寫字前的準備：

　　1.砂紙字形—辨認字形、學習字音。(1)幾何嵌圖板。(2)畫圖、描摹、寫圖案。

　　2.符號發展—配對、順序、分配、歸納與關係、位置關係。

　　3.認字—實物與字卡、圖片與字卡、三部分卡。

• 其他：

　　1.聲音的遊戲（直接拼音）。

　　2.符號認識—砂紙字形、移動字母、實物拼音、圖片拼音。

四、數學教具

　　Montessori 深深了解人類的學習過程，是由簡單到複雜，由具體到抽象；所以在面對「數學」這種純抽象概念的知識時，唯一讓孩子覺得容易學習的方法，也只有以具體、簡單的實物為起始。比如說為了要孩子了解 0、1、2、3、4 等五個概念，在「紡錘棒箱」的設計上，我們就分別在五個空格的上方，標出 0、1、2、3、4；然後再依據每個數目的多寡，放入同數量的棒子。這樣可以使孩子切身看到 1 和 2、3……之間多和少的比較，而知道什麼是「1」、「2」和「3」，結合起「數量」（1 根棒子，實體）與「數字」（1 的字形，抽象）。所以，Montessori 採用「數棒」為學習數概念的先鋒步隊，然後循序漸進地指導幼兒了解數的意義（量）與數的字形（符號），而後進入加、減、乘、除的千位四則運算。

　　總之，蒙氏數學教具循具體進入抽象原則，常見之教具有：

1. 數量概念基本練習教具：以理解 0 至 10 的量與數為目的，包括數棒、砂數字板、紡錘棒與紡錘棒箱、「0」的遊戲、數字與籌碼等。

2. 十進法的基本結構與加減乘除概念練習教具：包括金色串珠、黑白串珠、點的遊戲、郵票遊戲。

3. 認識速讀教具：塞根板（劉翠華、童玉娟，2005）。

五、自然人文教具

　　自然人文教育的內容包括了動、植物學、天文學、地質學、歷史、地理、音樂、繪畫等與人類生存環境有關的各種知識。其目的在培養幼兒的世界觀、宇宙觀，能參與所處的自然與人文環境，進而知道如何尊重別人，愛惜生命，並能關懷宇宙生態。自然人文教具有一部分是傳統蒙氏教具，例如樹葉拼圖櫥、水陸地球儀、地圖櫥架組等。一部分則是各地的蒙氏教師配合各民族、國家的不同地理、人文環境，而延伸設計出本土化教具，例如：地區植物圖片分類、台灣地圖拼圖、星期表、月份表等（單偉儒，2000）。

　　在一般蒙氏園裡，自然人文的教具通常分為：

1. 藝術：如打擊樂、繪畫等。

2. 地理：如地球儀、世界地圖拼圖等。

3. 植物：如植物卡等。

4. 其他：可因時因地制宜。

　　以上五大學習區，其教具內涵與目的，彙整如**附表 1-3**。

附 錄 一　Ｍｏｎｔｅｓｓｏｒｉ 教 具

附表 1-3　Montessori 各學習區教具內涵與目的一覽表

學習區	主要內涵	目的
日常生活教具	日常生活的一切活動，都可納入此項目中，亦依各文化之不同，內容也不同。	訓練感官能力和肌肉活動之間的協調，為幼兒將來的寫字、畫圖能力做「預備」的工作。
感官教具	範圍包括：視、聽、觸、味、嗅、壓、辨認實體等。	乃以啓發孩子的敏銳度，讓孩子經由親身的體驗而有清楚的辨認能力為目的。
語文教具	包括一些「間接」訓練的教具來培養孩子書寫與認識與文的能力，例如：「砂紙字板」、字卡、繪本等等。	藉由一個充滿語言與文字的環境，讓孩子自然的由「感覺」到「領悟」周圍的一切，掌握孩子的語言的敏感期。
數學教具	包括由簡單到複雜，由具體到抽象的實物，例如：數棒、紡綞棒、紡綞棒箱、串珠、塞根板等。	採用具體實物導入抽象數量概念，以循序漸進引導孩子數的意義、字型以及運算（＋－×÷）。
自然人文教具	凡與人類生存環境有關的各種知識皆是，包括：動、植物學、天文學、地質學、歷史、地理、音樂、繪畫等。	培養幼兒的世界觀、宇宙觀，能參與所處的自然與人文環境，進而知道如何尊重別人，愛惜生命，並能關懷宇宙生態。

資料來源：許惠珠等譯，1991；徐柄揮譯，1995。

蒙式教師

　　老師在蒙式教保人員（在蒙式教育中稱導引者，directress）的角色是準備環境和連接孩子與教材。需要透過對幼兒的細心

觀察才能適當給予幼兒協助，但仍以孩子獨立爲依歸。一般而言，教師在蒙氏教學中是不打擾的安靜的「觀察者」，他可能是從有距離的地方觀察，也可能就在孩子的跟前展示新教具的使用法，但是蒙氏教師是向來不做增強或讚美孩子的學習，因爲活動設計的初衷就是讓孩子自我酬償、自我啟動。所以蒙氏認爲教保人員的工作態度和理念爲「準備好自己」，包括：

1.準備好充滿刺激、挑戰的環境，讓幼兒能做自發性的學習。
2.準備好做孩子和教具之間的連接，並做良好的示範。

總而言之，觀察每一位幼兒，並且去發現幼兒的興趣和工作（操作教具）的方式，以及他們在工作的時候如何呈現多樣性（Curtis, 1998; Essa, 1992; Maria, 1965）就是蒙氏教師的角色。

蒙氏教育啟示

蒙式對教保人員行爲最大的啟示，在實務上，要引用適合孩子尺寸的幼兒園和教室的設備，包括適合幼兒學習與發展的各領域「教具」，其設計與運用乃爲蒙氏教學之精髓所在；在理念上，爲尊重每一位幼兒，並視每一位爲一獨立的個體，這些作法和理念直到今日仍爲許多幼教人士所遵行（Curtis, 1998; Essa, 1992），也是教師自製教具的理念。

附錄二

Froebel 恩物

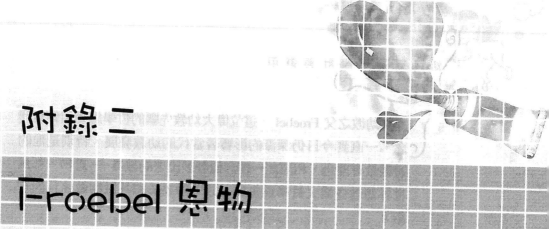

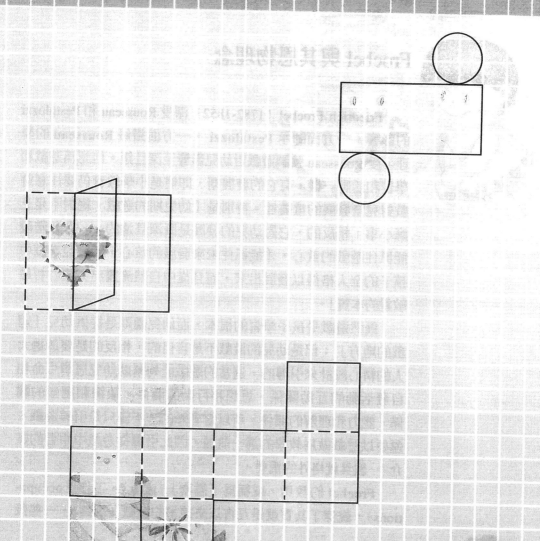

幼教之父 Froebel，這位偉大幼教先驅的哲學思想和教育理念，一直到今日仍深深的影響著當代的幼教發展，特別是他的遊戲教育理念，和源此一理念而發展出來的教具——恩物，都為世界幼教從業人員奉為圭臬。以下對福氏和其恩物做簡單的介紹。

Froebel 與其恩物理念

Friedrich Froebel（1782-1852）深受 Rousseau 和 Pestalozzi 的影響，一方面師承 Pestalozzi，一方面鑽研 Rousseau 的學理，受 Rousseau 強調遊戲對幼兒影響至深且鉅。他認為遊戲和學習和活動一樣，有它的發展期，即使是小學教育仍要注意遊戲對兒童發展的重要性。特別是「幼兒期的遊戲，絕對不是芝麻小事；相反的，它對幼兒的發展是既深且遠的……在此階段能抓住遊戲的重心，才能抓住未來發展的核心，因為從遊戲中孩子的全人格得以發展出來，而且從中自然流露出人類心智最敏銳的本質」。

既然遊戲是孩子學習的根本，而幼兒園則是提供幼兒「遊戲的地方」；但是幼兒的遊戲不是盲目的，相反的是要透過大人的精心設計來引導的，適當的遊戲能夠幫助幼兒思辨生命和自發活動的互動關係，思想和行動的關係，象徵和認知的關係，能力和理解的關係。所以當老師的，不僅只是引導遊戲，還要以遊戲做為教學的第一前提，因此引導從遊戲中學習的媒介——教具就格外的重要。

Froebel 的教具，或稱為「恩物」（gifts）、工作（occupations），說穿了其實就是亙古以來孩子的遊戲（玩具），一些孩

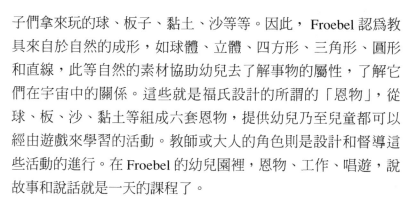

子們拿來玩的球、板子、黏土、沙等等。因此，Froebel 認為教具來自於自然的成形，如球體、立體、四方形、三角形、圓形和直線，此等自然的素材協助幼兒去了解事物的屬性，了解它們在宇宙中的關係。這些就是福氏設計的所謂的「恩物」，從球、板、沙、黏土等組成六套恩物，提供幼兒乃至兒童都可以經由遊戲來學習的活動。教師或大人的角色則是設計和督導這些活動的進行。在 Froebel 的幼兒園裡，恩物、工作、唱遊，說故事和說話就是一天的課程了。

同時，他也設計了一系列的活動，稱之為「工作」，包括摺紙、畫畫和編織。認為幼兒從事工作時，不是毫無思想的一味模仿，反而是想法的重整。Froebel 也經常使用韻律和兒歌來搭配「工作」的進行，動動身體、做做動作，如流傳至今的拇指歌（fingerplays）一樣。而其教學不在教室，而是在幼兒的花園裡，從此就有德文 kiindergarten（garden for children），而這一個名詞沿用至今日成為幼稚園 kindergarten 名稱的由來（Brewer, 1997; Curtis, 1998; Essa,1992; Froebel, 1896; Liley, 1967）。

Froebel 恩物

根據上述，Froebel 所謂的恩物，就是「神恩賜兒童的玩具」，根據自然界的法則、性質、形狀等，用簡易明白的物體製成，作為人類了解自然、認識自然的初步訓練（朱敬先，1986，頁 47）。這是 Froebel 在幼教工作中一個最具體的貢獻，源於福氏參觀瑞士 Pestalozzi 以豆子作為教具而得到的啟發（田培林，1995）。

至於恩物的種類及其功能，除了上述的說明外，根據朱敬

先（1986）與黃志成（1999），恩物的種類共有二十種，這是福氏從一八三五年開始研究，直到一八五〇年逐步發展完成的，從第一種到第十種，是帶遊戲的恩物，通常稱爲「分解的恩物」，爲一種概念的建立，可以訓練兒童的思考作用，把存在於宇宙的基本形態呈現出來。其材料只能把玩，不能改變原形；從第十一種到第二十種，是帶作業性的恩物，通常稱爲「綜合的恩物」，爲一種訓練兒童感覺的教材，因應兒童的實際操作而設計，可依幼兒自己的想像力，做種種變化，材料之使用，僅限一次，所以稱爲作業恩物。

恩物是根據兒童的發展而設計，不但一脈相承，而且必須互相配合，遊戲的方法或順序亦各有其意義與功能存在，教育者可以按照兒童的發展程度，斟酌教育的目的，而選擇運用各種恩物，以使兒童達成理想的學習任務。

基本的恩物是以圓球體爲出發點，在闡明宇宙萬物之和諧與協調；其次介紹立方體、圓柱體，客觀地比較物體形狀之變化，以了解世界之多樣與多變；再者以各種型態之立方體，讓兒童體驗三度空間的各種樣式及其變化；然後經驗平面的概念：分割與分解，以及兩點之間的直線與曲線；最後學習物體的極限——點。所以恩物是經由立體、面、線、點，漸漸由具體進入抽象，再由點發展成具體之成品。在遊戲的過程中，可以培養顏色、奇數、偶數、倍數、分數等觀念，而且還可以訓練感覺、創造力等心理能力，不但滿足兒童的心理需求，尚可建立兒童「統一」及「整體」的規律概念，使兒童內在的本能與潛能從外在的行動呈現出來，以適應且創造人類的社會生活。

以下依序介紹第一到第二十種的恩物：

第一種恩物：爲六色球，有紅、橙、黃、綠、藍、紫等顏色，直徑爲兩吋半，種類分爲有帶子及無帶子。有帶子是將毛

286

線材料織成套子，填充棉花，縫合後，再接一條細線。通過視
覺神經的傳達，此恩物可以刺激大腦神經細胞的運動，訓練眼
睛和手的並用，也可使幼兒分辨顏色、數、量和方向；在心理
上，可帶給幼兒舒服柔軟的感覺，培養一個人圓滿的人格。

　　第二種恩物：為木頭的三體——球體、圓柱體與立方體。直
徑和高度都是一吋半，其目的在使幼兒認識三體的名稱、形
狀、性質和異同處。可以培養幼兒正確的理解力，和整理分類
之能力，以及對事物動靜態之比較。此恩物的遊戲進行方式有
模仿現實物體樣態的模仿遊戲，以及將三體懸掛上對折線轉動
的迴轉遊戲。

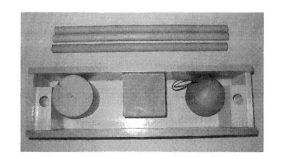

　　第三種恩物：為八塊小積木，邊長六公分的立方體，八塊
合起來是兩吋立方體，正好可以放進木盒子裡。其目的在使幼

兒了解化整爲零，化零爲整的哲學思想，此恩物除了培養幼兒的思考力、創造力、數概念、美學等等，也讓幼兒在團體生活中能調適個人與群體的關係。操作時要注意，須先倒置木盒，推至桌緣將蓋子抽出，再將立方體完整置於桌面，不可紊亂。結束時依相反順序收納才算完成。

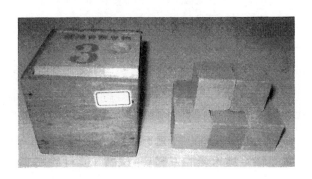

　　第四種恩物：爲八塊小積木，長二吋、寬一吋、厚半吋的長方體，合起來爲兩吋的立方體，可以適切的放入木盒中。這個恩物可使幼兒明白長方體與立方體之間的關係，並隨著幼兒的身心發展及強烈好奇心，藉由組織長方體滿足幼兒的要求，同時促進思考及想像力的發展。但在操作時切記勿給予太多的示範，並鼓勵幼兒儘量變化。

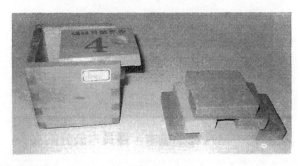

　　第五種恩物：爲三十九塊的小積木，合起來是三吋的立方

體，切成一吋的立方體二十一塊，大三角體六塊，小三角體十二塊，都可以排好放入木盒中。這個恩物讓幼兒認識奇數、偶數，同時認識直角、鈍角、銳角、長方形、正方形、三角形；在心理層面，更滿足幼兒求知的欲望，培養自由創作的能力。然而，在訂定學習任務時須注意，不善於整理的幼兒應要較慢給予第五恩物。

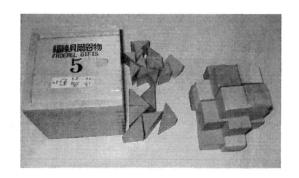

　　第六種恩物：為三十六塊的小積木，合起來也是三吋的立方體，切成 18 塊長方體、 12 塊柱台、 6 塊長方體。此恩物建築而成的建築物更接近實物，故若能活用此恩物的特性，則可呈現出更美更實際的建築，而滿足幼兒的要求，充分展現幼兒

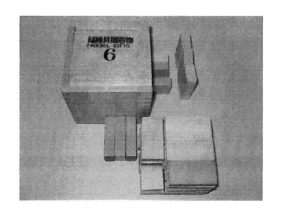

的智慧、創造力及想像力。此恩物操作時應儘量讓幼兒自由發
揮創造。

第七種恩物：為薄板製成的色板，有五種形狀和大小：正
方形，邊長三公分；等腰三角形，等邊長三公分；正三角形，
各邊長三公分；直角不等邊三角形，最長邊六公分、最短邊三
公分；鈍角不等邊三角形，兩短邊各三公分。類似我國的七巧
板，其顏色則如同第一恩物。可以培養幼兒美感，及促進幼兒
智力、創造力。

第八種恩物：為木製長短棒，分成五組，長各三、六、
九、十二、十五公分，用來排成各種平面圖形。今日大部分以
塑膠材料取代木質。此恩物可以培養幼兒對數的正確概念、長
短距離的認識、物體的正確形狀等等，對於幼兒的觀察力大有
助益。但操作時要注意，不可使幼兒將兩支木棒相疊或相併使
用。

第九種恩物：為銅環，分全環、半環、四分之一環、八分
之一環，大小不一，大的直徑兩吋，小的一吋，共計全環二十
四個，半環為四十八個，以此類推。其操作法類似第八種，而
材質也大部分為塑膠取代。此恩物在於使幼兒了解兩點之間，
除了直線之外，尚有曲線。

　　第十種恩物：爲米粒體，可以以豆子、石子等爲材料做成
小點子，嵌入五吋的平方木塊上小孔，成爲各種像米粒的圖
案。小點子具有紅、橙、黃、綠、藍、紫等顏色，木板每行有
十五小孔至二十小孔。這項恩物在使幼兒明白點是組成物體最
基本的東西，是由無進入有的界限。操作時要注意的是，雙手
要一起玩，不可掉落地上。

　　綜合上述可以知道，恩物的一至十是從立體、面、線發展
到點，其重點哲理如**附表** 2-1。相反的，恩物的十一至二十是
由點開始、線、面再發展到立體，形態上屬於手工操作，如**附
表** 2-2 所示，以下詳述特色：
　　第十一種恩物：爲刺紙，材料爲長針、刺架和顏色紙，用
針在紙面刺出種種物體，是幼兒的刺工。

附表 2-1　Froebel 恩物第一到第十恩物總表

種類	名稱與內涵	主要功能
一	六色球（有紅、橙、黃、綠、藍、紫 6 色，是由毛線材料織成套子，再填充棉花）	1. 通過視覺神經的傳達，可以刺激大腦神經細胞的運動，訓練眼睛和手的並用，也可使幼兒分辨顏色、數量和方向 2. 柔軟觸感可帶給幼兒舒服柔軟的感覺培養一個圓滿的人格。
二	三體（包括：球體、圓柱體、立方體，可進行模仿現實物體樣態的模仿遊戲以及將三體懸掛上對折線轉動的迴轉遊戲）	1. 讓幼兒認識三體的名稱、形狀、性質和同異處 2. 培養幼兒正確的理解能力和整理分類之能力。
三	立方體（8 塊邊長 6 公分的立方體正好可以放進木盒子裡）	1. 讓幼兒了解「化整為零，化零為整」的哲學思想，間接讓幼兒體會在團體生活中個人與群體的關係 2. 培養幼兒的思考力、創造力、數概念、美學等。
四	立方體（8 塊長方體的小積木，合起來正好是 2 吋的立方體）	1. 使幼兒明白長方體與立方體之間的關係 2. 藉由組織長方體滿足幼兒的要求，同時促進思考及想像力的發展。
五	立方體（分成三種立方體、大三角體、小三角體）	1. 讓幼兒認識奇數、偶數，以及直角、鈍角、銳角、長方形、正方形、三角形。 2. 滿足幼兒求知的慾望，培養自由創作的能力。
六	立方體（為立方體、長方體、柱台、長方體共 36 塊的小積木）	滿足幼兒的需求，發揮幼兒的智慧、創造力及想像力。

參考資料：朱敬先（1986）、黃志成（1999）、田培林（1995）。

（續）附表 2-1　Froebel 恩物第一到第十恩物總表

種類	名稱與內涵	主要功能
七	面一色板（薄板製成的色板，有正方形、等腰三角形、正三角形、直角三角形、鈍角不等邊三角形）	類似七巧板，培養幼兒美感，及促進幼兒智力、創造力。
八	線一長短棒（長度分為 3、6、9、15 五種）	培養幼兒對數的正確概念、長短距離的認識、物體的正確形狀等，並增進觀察力。
九	環一銅環（分全環、半環、四分之一環、八分之一環和大、小之分）	使幼兒了解兩點之間，除了直線之外還有曲線。
十	點（木製顆粒）	使幼兒明白點是組成物體最基本的單位，是由無進入到有的界線。

參考資料：朱敬先（1986）、黃志成（1999）、田培林（1995）。

附表 2-2　Froebel 恩物第十一到第二十種恩物總表

種類	名稱	主要手工	材料
十一	刺紙	刺工	長針、刺架、顏色紙
十二	繡紙	繡工	針、線、硬紙
十三	連畫	畫工	鉛筆、紙
十四	剪紙	剪紙工	圓頭剪刀、色紙
十五	貼紙	貼紙工	圓頭剪刀、色紙、白紙
十六	織紙	織紙工	剪刀、色紙
十七	組紙	組紙工	剪刀、色紙
十八	摺紙	摺紙工	色紙
十九	穿豆	穿豆工	豆子、細竹條
二十	黏土	黏土工	黏土

第十二種恩物：為繡紙，材料為針、紙和線，在硬紙上刺出各種圖形，再用線繡連（可以用多種色系的線），是幼兒的繡工。

第十三種恩物：為連畫，同上項恩物，不同的是在紙上點出圖形，再用鉛筆連畫出來，是幼兒的畫工。

第十四種恩物：為剪紙，工具為圓頭剪刀和色紙，是幼兒的剪紙工。

第十五種恩物：為貼紙，將上項剪成的圖形貼上另一張紙上，是幼兒的貼紙工。

第十六種恩物：為織紙，利用剪刀和色紙編紙，是幼兒的織紙工。

第十七種恩物：為組紙，利用剪下的紙條，組成各種不同的幾何圖形，然後再將色紙折成相同的圖形，是幼兒的組紙工。

第十八種恩物：為摺紙，即為一般的摺紙，可以巧妙變化，是幼兒的摺紙工。

第十九種恩物：為穿豆，將豆子泡水變軟，再用細竹條穿成各種圖形，是幼兒的穿豆工。

第二十種恩物：為黏土，以黏土捏成各種形狀，自由創作，是幼兒的黏土工。

恩物操作指導原則

從上述，我們可以知道福氏發明恩物的出發點，是要讓幼兒在遊戲中自由的發展。在使幼兒使用各種「恩物」共同作業，組成有系統的活動，以啟發幼兒建造、審美及聯想的能

力。恩物教學的主旨,在從「恩物」的遊戲中,進一步訓練幼兒的「感覺」,進一步養成幼兒的「規律觀念」,每組恩物個別部分,必須依照規律整理起來,方能表現出它的價值,且可使幼兒有一個「統一」、「整體」的觀念。所以遊戲和自由是Froebel 恩物操作的不二法則。

1.自由操作:應注意讓孩子自由自在在規定的時間之外,自行操作教具。

2.開架式陳列:收納宜採開架式,方便孩子在「恩物操作時間」外,仍能自由取用。

3.個別或小組示範:由於示範的操作有平面、也有立體,有分層切開、有移動、對稱及花樣的排列,能讓幼兒在同一方向看得清楚,明白操作,採取個別或小組的教學有其必要。

結　語

總之, Froebel 的教育理念是歷久彌新,對幼教、園所的發展和親職教育極具貢獻。對於幼教師而言,在幼教理念、教具設計、教具操作指導,以及奠定教具在幼兒遊戲與發展的地位,具有實質的啓示和幫助;對於園所經營者而言,在教保理念、教具設計和操作指導以及教師培訓等方面,也有南針在抱的指引;對於一般的父母而言,因為受其幼兒教玩具觀念的啓迪,而能更了解孩子、幫助孩子良善成長。這是為什麼福氏在他去世一百多年後,仍為世人景仰與追隨的原因。有興趣者可以再閱讀福氏的大作《人的教育》(*The education of man*, 1896),更能深入幼教之父的理念。

參考書目

中文部分

王川華（2000）。〈玩具也可以是教具〉。《蒙特梭利雙月刊》，
　　期 32，頁 16-17。

王美晴（1999）。《幼兒教具設計與製作》。台北：華騰文化。

王靜珠（1998）。《全方位的幼兒教育》。台南：世一。

田培林（1995）。《教育與文化》。台北：五南圖書。

朱敬先（1983）。《幼兒教育》。台北：五南圖書。

朱敬先（1986）。《學習心理學》。台北：千華。

江雅惠（2001）。〈淺談利用廢物做教具〉。《幼教資訊》，期
　　124，頁 26-30。

江麗莉（1993）。〈幼兒玩具研究文獻探討〉。《幼兒教育學
　　報》，期 2，頁 61-76。

何諾德（1987）。《兒童遊戲》。台北：桂冠圖書。

李惠加（2000）。〈自製教具益處多－介紹三個實用 DIY 教
　　具〉。《幼教資訊》，期 116，頁 57-60。

李園會、劉錦志（1988）。《幼稚園教學實習》。台北：五南圖書。

谷瑞勉（1987）。《幼兒自學教具》。屏東：省立屏東師範專科
　　學校。

吳凱琳（2000）。《幼兒遊戲》。台北：啓英文化。

吳緒筑譯（1999）。村田茂、川村秀村、小林芳文、籐原吉德編
　　著。《幼兒教具設計與活用》。台北：五南圖書。

周淑惠（1996）。〈當前幼兒數學研究及其教育含意〉。《國民

教育研究年報》，期 2，頁 255-284。

周淑惠（1997）。《幼兒數學新論─教材教法》。台北：心理。

周逸芬（2002）。《蒙特梭利幼兒單元活動設計課程》。台北：五南圖書。

岩田陽子（1988）。《蒙特梭利教育理論與實踐》（第二卷感覺教育）。台北：新民。

林佳慧（2000）。〈教師必備的行頭─教具設計與應用〉。《幼教資訊》，121 期，頁 24-27。

林健安（2000）。〈居家教具 DIY〉。《蒙特梭利雙月刊》，期 32，頁 18-19。

林敏宜、楊秀玲（2000）。《實用教具的設計與製作》。台北：啓英文化。

林嘉綏、李丹玲（1999）。《幼兒數學教材教法》。台北：五南圖書。

林端容（2001）。〈談蒙特梭利教育在學零前特殊幼兒教育之理念與實施〉。《幼教資訊》，期 122，頁 44-48。

林鳳南（1988）。《幼兒體能與遊戲》。台北：五南圖書。

林麗英（1994）。《雞同鴨講》。台北：心理。

林寶貴、吳純純、張勝成譯〈1986〉。《身心發展遲緩兒童進階學習教材教法》。台北：國立台灣教育學院特殊教育中心。

邱維珍譯（1999）。John Oates 著。《兒童發展導論》。台北：五南圖書。

金培文（1986）。《兒童遊戲集錦》。台北：大光傳播。

徐炳勳（1995）。《蒙特梭利與兒童教育》。台北：及幼。

徐澄清、徐梅屏（1994）。《因材施教：從出生的第一天開始》。台北：健康世界雜誌。

殷紅博（1998）。《幼兒語言能力訓練》。台北：新潮。

高麗芷（1997）。《感覺統合》。台北：信誼基金。

張春興（2004）。《心理學概要》。台北：東華。

張添洲（2000）。《教材教法－發展與革新》。台北：五南圖書。

張翠娥（1998）。《幼兒教材教法》。台北：心理。

張翠娥、吳文鶯（1997）。《嬰幼兒遊戲與教具》。台北：心理。

教育大辭典編輯委員會編（1990）。《教育大辭典》，卷 2 。上
　　海：上海教育。

教育部（1993）。《幼兒安全教育教師手冊》。台北：台北市教
　　育局。

許天威（1988/1992）。《發展學習能力－兒童的遊戲與教具》
　　（上下冊）。台北：五南圖書。

許惠珠、邱琡雅譯（1991）。 Maria Montessori 著。《發現兒
　　童》。台南：光華女中。

郭靜晃（2000）。〈適齡玩物的選擇〉。《蒙特梭利雙月刊》，期
　　32 ，頁 10-13 。

郭靜晃、吳幸玲譯（1994）。 Philip and Barbara Newman 著。
　　《發展心理學：心理社會理論與實務》。台北：揚智。

郭靜晃譯（1992）。 Johnson, J.E., Christie, J.F., & Yawkey, T.D.
　　著。《兒童遊戲—遊戲發展的理論與實務》。台北：揚智文
　　化。

陳文德（1997）。《嬰幼兒感覺教育指導手冊》。台北：源流。

陳貞旬譯（2001）。〈建構創造的基石-蒙特梭利數學教育的原
　　理與運用〉。《蒙特梭利雙月刊》，期 33 ，頁 14-18 。

陳淑敏（1999）。《幼兒遊戲》。台北：心理。

陳雅惠（2000）。〈增進幼兒語言的發展：從出生開始〉。《幼
　　教資訊》，期 115 ，頁 4-6 。

陳雯琪（2005）。〈現代幼兒怎麼教— NO1.時間教養法〉。《育

兒生活》。期 176，頁 76-84。

陳幗眉、洪福財（2004）。《兒童發展與輔導》。台北：五南圖書。

單偉儒（2000）。《蒙特梭利教學理論與方法簡介》。台北：蒙
　　特梭利文化。

曾錦煌（1982）。《兒童遊戲與遊戲場》。台北：茂榮。

童玉娟（2005）。〈蒙特梭利教學與教具〉。上課講義，中國浙
　　江省機關杭州武林門幼兒園教師研習會。

黃世鈺（1998）。《幼兒感覺動作教育課程與評量》。台北：五
　　南圖書。

黃志成（1994）。《嬰幼兒的教育與學習》。台北：揚智文化。

黃志成（1999）。《幼兒保育概論》。台北：揚智文化。

黃志成、林貞谷（2001）。《嬰幼兒的教育與輔導》。台北：揚智。

黃瑞琴（1998）。《幼稚園的遊戲課程》。台北：心理。

漢菊德（1999）。《探索身體資源》。台北：心理。

熊桂芬（2000）。〈教具不同於玩具〉。《蒙特梭利》，期 32，
　　頁 14-15。

劉翠華、童玉娟（2005）。〈蒙氏教育與教學〉。上課講義，中
　　國浙江省機關杭州武林門幼兒園教師研習會。

蔡子瑜、邱亦寬、李德芬（1999）。《幼兒發展與輔導》。台
　　北：啓英文化。

蔡延治（1989）。《教具設計與製作》（上）。台北：龍騰文化。

蔡瓊賢、林乃馨、鄭博眞譯（2004）。Mary Mayesky 著。《幼
　　兒創造性課程與教學》第六章：創意數學，頁 158-187。
　　台北：華騰。

盧素碧（1983）。《幼兒發展與輔導》。台北：五南圖書。

鄧淑如（2004）。〈幼兒玩具與心智發展〉。《親子教育》，期
　　116，頁 14-150。

戴文青（2000）。《學習環境的規劃與運用》。台北：心理。

蘇建文等（1995）。《發展心理學》。台北：心理。

英文部分

American Academy of Pediatrics (2005). http://www.medem.com./ search/article_display.cfm?path=n:&mstr=/ZZZ9VGSOQ7C.ht ml...2005/11/20

Ayres, A. J. (1979). *Sensory integration and the child.* Los Angeles: Western Psychological Services.

Brenner, M. E. (1989). *Children make sense of numbers.* Paper presented at the Annual Meeting of the American Educational Research Association.

Brewer, A. J. (1997). *Introduction to early childhood education* (3rd ed). Boston: Allyn & Bacon

Cherry, C. (1976). Creative play for developing child. Belmont, CA: Fearon Press.

Curtis, A. (1998). *A curriculum for preschool child* (2nd ed). London: Routledge.

Diamond, M. & Hopson, J. (1998). *Magic tree of the mind: How to nurture your child's intelligence, creativity, and healthy emotions from birth through adolescence.* NY: Erlbaum association.

Erikson, E. H. (1950). *Childhood and society.* NY:Norton.

Erikson, E. H. (1997). *Toys and reasons: stages in the ritualization of experience.* NY: Norton.

Essa, E. (1992). *Introduction to early child hood education.* NY: Delmar.

Froebel, F. (1896). *The education of man.* NY: Appleton.

Hamm, E. M., Mistrett, S. G., & Ruffino, A. G. (2006). Play outcomes and satisfaction with toys and technology of young children with special needs. *Journal of Special Education Technology*, 29-35.

Liley, I. (1967). *Foriedrich Froebel, a selection from his writings*. Cambridge: Cambridge University Press.

Look, R. E., Klein, M.D., & Tessier, A. (2004). *Adapting early childhood curricula for children in inclusive settings*. Upper Saddle River, NJ: Pearson Education, Inc.

Mann, D. (1996). Serious play. *Teachers college Record*, 97(3), 446-470.

Maria, M. (1964). The *Absorbent Mind*. NY: Delta.

Maria, M. (1965). *The Montessori Elementary Material*. Translated by Arthur Livingston. Cambridge: Robert Bentley, Inc.

Piaget, J. (1962). *Play, dreams, and imitation in childhood*. NY: Norton.

Rogers, C. & Swayer, J. (1988). *Play in the lives of children*. Washington, D. C.: National Association for the Education of Young Children.

Sautter, R. A., LeBlanc, L. A. & Gillett, J. N. (2007). Using free operant preference assessments to select toys for free play between children with autism and siblings. Research in Autism Spectrum Disorders (2007), doi:10.1016/j.rasd.2007.02.001.

Simpson, C. G. & Lynch, S. A. (2003). *Adapting and modifying toys for children with special needs*. Educational Resources Information Center (ERUC), US Department of Education.

幼教叢書 22

幼兒教玩具設計與運用

作　　　者 / 劉翠華
出　版　者 / 揚智文化事業股份有限公司
發　行　人 / 葉忠賢
總　編　輯 / 閻富萍
執　行　編　輯 / 胡琡珮
地　　　址 / 台北縣深坑鄉北深路三段 260 號 8 樓
電　　　話 / (02)2664-7780
傳　　　真 / (02)2664-7633
　E-mail　/ service@ycrc.com.tw
郵撥帳號 / 19735365
戶　　　名 / 葉忠賢
印　　　刷 / 鼎易印刷事業股份有限公司
　ISBN　/ 978-957-818-817-4
初版一刷 / 2007 年 6 月
定　　　價 / 新台幣 350 元

國家圖書館出版品預行編目資料

幼兒教玩具設計與運用 = Design educational
toys for young children / 劉翠華著. – 初版.
-- 臺北縣深坑鄉：揚智文化, 2007 [民 96]
　　面；　公分（幼教叢書；22）
參考書目：面

ISBN 978-957-818-817-4(平裝)

1.學前教育－教學法　2.教具－設計 3.玩具
－設計

523.23　　　　　　　　　　　96008386